# 1日1分アドラー

悩みがゼロになる心の処方箋

# 72の言葉

岩井俊憲【監修】
アドラー心理学カウンセリング指導者

熊野英一【著】
株式会社子育て支援 代表取締役

かや書房ワイド新書

# はじめに

熊野英一

悩みのない人はいません。
過去の失敗を引きずっている。
今、何をすればいいのかわからない。
未来への不安に押しつぶされそうになる。
誰もがそれぞれの悩みを抱えながら、それでも懸命に生きています。

**アドラー心理学は、そんな悩みに対して、シンプルで誰もが実践できる解決策を教えてくれる学問です。**

創始者の**アルフレッド・アドラー**は、**「自己啓発の祖」**とも呼ばれ、フロイト、ユングと並ぶ**「心理学三大巨頭」**の一人とされています。
アドラーは、人間の可能性を信じていました。

**「過去に縛られず、未来を見て動き出せば、人生は変えられる」**

この考え方は、現在も多くの人に勇気を与え続けています。

本書では、現代を生きる私たちが抱える悩みに対して、アドラーの名著から厳選した72の名言をもとに解決策を提案しています。

構成は、**①人生・性格　②仕事・職場　③家族・親子　④恋愛・結婚　⑤友人・知人　⑥世間・社会**の6つのカテゴリーに分かれています。

例えば、こんな悩みが並びます。

「性格を変えたい」「劣等感が強い」「トラウマがある」
「嫌な上司がいる」「転職したい」「仕事にやりがいがない」
「結婚か仕事か」「浮気された」「離婚すべきか」
「友人ができない」「年金制度が不安」「本当の幸せとは」

どこかで**「これ、自分のことだ！」**と感じるものがあるはずです。

本書は、気になる悩みから読み始められる構成になっています。

さらに、**解決策を1分で読める**ように簡潔にまとめました。

**1日1分読むだけで、心が軽くなり、人生が明るくなる。**

そんな手軽で実践的な名言集です。

## これならできる！　アドラーの名言をわかりやすく解説

アドラーが後世に伝えたかったのは、**私たちが幸せに生きるためのシンプルな考え方**です。

かつてアドラー心理学は難解とされ、日常生活への活用が難しいといわれてきました。

主な理由は、アドラーの著作はドイツ語や英語で書かれていますが、日本語版が逐語訳で、読者にとって理解しづらかったことです。

本書では、アドラー心理学を初めて学ぶ方にも理解しやすいように、難解な表現を取り除きました。

**「これならできる！」と感じてもらえるように名言を意訳**し、アドラーの教えをわかりやすく、実践しやすい形でお届けします。

## 自分の運命の主人公は「あなた」

私自身も、本書で取り上げたような悩みに直面してきました。進路や就職、起業、家庭——悩みは尽きませんでした。

そんな中で出会ったのが、アドラー心理学と、本書の監修者である岩井俊憲先生です。

**岩井先生は、日本のアドラー心理学を牽引してきた第一人者であり、40年以上にわたり、その研究と普及に尽力されています。**

本書の監修も岩井先生に担当していただきました。

岩井先生やその仲間たちと学びを深める中で、私は私生活や職場でアドラー心理学を活かせるようになりました。

日々その教えを実践し、失敗を重ねながらも成長を実感しています。

**アドラー心理学を取り入れることで、私は以前よりも多くの幸せを感**

**じられるようになりました。**

アドラーは**「人間は自分の運命の主人公である」**と語りました。

これは、**「他の誰でもなく、あなた自身が人生を切り拓く力を持っている」**ということです。

この本が、アドラーの言葉とともに、あなたの背中を押し、人生を変える一歩を踏み出す手助けになれば幸いです。

さあ、気になるページを開いてみてください。

そこにある言葉が、あなたに新しい視点と勇気を与えてくれます。

**未来は、あなた自身の手で描くものです。**

この本をきっかけに、その一歩を踏み出してみましょう。

# 目次

## 第3章 家族・親子　共感と協力が深める家族の絆

## 第4章 恋愛・結婚 恋愛と結婚は二人でつくる幸せの形

## 第5章 友人・知人 友情の鍵は自然体で対等な関係

## 第6章 世間・社会 人とのつながりが人生を豊かにする

※目次に掲載している名言は、一部を抜粋・要約したものです。詳しくは本文をご覧ください。

# 第1章

# 人生・性格

## 性格は何歳からでも変えられる

性格を変えたい

# 目標が変われば、心や習慣も変わり、新しい自分に生まれ変われる。

『人生の意味の心理学』

## 目標を立てれば性格を変えられる

「性格を変えたい」と悩む人は少なくありません。例えば「内向的な自分を変えて、もっと社交的になりたい」と考えることもあるでしょう。

まず必要なのは、自分らしさを認める勇気です。アドラーは、**「不完全な自分を認める勇気があれば、理想の自分に向かって、何歳からでも変われる」**と捉えています。

その上で、**「目標が変われば、心や習慣も変わり、新しい自分に生まれ変われる」**とも述べています。

この考えは、自分自身で未来を選び取る力である**「自己決定論」**に基づいています。**過去や環境に縛られず、自分の意志で行動を選ぶことが重要**だとする考え方です。**性格を変えたいと望むなら、まずは小さな目標を立ててみましょう。**

例えば、身近な人に笑顔で挨拶をすることから始めてください。その一言が習慣となることで、自然と相手との距離が縮まり、社交性も育まれていきます。

アドラー心理学では、挑戦を後押しして、前向きな行動を引き出す**「勇気づけ」**を重視しています。**この本を通して、自分の可能性を信じ、勇気づける方法を見つけてください。**

まずは勇気を持って一歩を踏み出し、自分の変化を楽しむこと。その積み重ねが、理想の自分に近づくための力になります。

容姿や能力に劣等感がある

# 誰にでも劣等感はある。劣等感は弱さではない。大切なのは、劣等感を成長への原動力に変えることだ。

『生きるために大切なこと』

## 劣等感が人間を成長させる

世の中には、自分の容姿や能力に対する劣等感を抱え、自信を失う人が少なくありません。

アドラーは劣等感について、こう語っています。

**「誰にでも劣等感はある。劣等感は弱さではない。大切なのは、劣等感を成長への原動力に変えることだ」**

つまり劣等感は、「より良くなりたい」と願うための原動力となるのです。

多くの人は、**劣等感を「他人と比べて劣っている」**と悲観的な考え方と捉えていますが、**その背景には「理想の自分に近づきたい」という前向きな思い**があるはずです。

もし比較するなら、他人ではなく「昨日の自分」と比べてみましょう。そして、理想とする「明日の自分」に向けて、今日できることを始めてみてください。

例えば、容姿を改善したいなら、運動や食事、睡眠など生活習慣を整えることから始めてください。

仕事でスキルを高めたいなら、基本的な作業を見直しましょう。スポーツなら、基礎練習を続けてください。

**少しずつ努力を重ねることで、「理想の自分に近づいている」と感じられる瞬間がきっと訪れます。**

小さな達成感が積み重なり、いつか劣等感が薄れていくはずです。

友だちができない

# まずはあなたが動き出そう。周りの反応は気にしなくていい。

『人生の意味の心理学』

## 勇気を持って自分から動き出す

「新しい環境で友人ができず、孤独を感じている」と悩む声をよく耳にします。

人間は「所属感」を求める生き物です。

入学や転職、引っ越しなどで新しい環境に身を置いたとき、孤独を感じるのは自然なことです。そして、周囲の人も同じように孤独を抱え、新たな仲間を求めているかもしれません。

誰かが勇気を出して、一歩を踏み出す必要があります。

アドラーはこう語っています。

**「まずはあなたが動き出そう。周りの反応は気にしなくていい」**

アドラー心理学では、**行動を後押しする「勇気づけ」が大切だとしています。「勇気づけ」とは、自分や他者に「できる」という力を信じさせ、前向きな行動を促す**考え方です。

まずは孤独を感じているかもしれない目の前の誰かに、声をかけてみてください。

最初の一歩を踏み出すことで、あなたの「勇気」は波紋のように広がり、周囲に伝わります。

**新しい環境での人間関係は、待つよりも動くことで生まれます。**

少しの勇気を持って話しかけることで、新しい友だちがきっとできるはずです。動き出すあなたの行動が、新たなつながりをつくり出します。

本当の幸せとは

# 人は、自分の人生を描く画家だ。あなたの絵は、あなたにしか表現できない。

『子どもの教育』

## 人生は自分で決めてつくるもの

「本当の幸せとは何だろう」と人生の幸福について、悩むことも時にはあるでしょう。

アドラーは**「人は、自分の人生を描く画家だ。あなたの絵は、あなたにしか表現できない」**と語りました。この言葉は**「人生は自分で決め、自分の手でつくるものだ」**ということを示しています。

アドラー心理学では、これを**「自己決定論」**と呼びます。人間は過去や環境に縛られるのではなく、未来をどう生きるかを自分で選ぶ力を持っています。

「自分は幸せになれない」と思い込めば行動は制限されますが、**「自分で幸せを選べる」と考えることで、新しい一歩を踏み出す力が湧いてくる**のです。

例えば、本当はやりたくない仕事を続けているなら、自分の人生の絵筆を他人に渡している状態です。

しかし、「これをやってみたい」と自分で決めて行動することで、その瞬間から人生はあなたらしく描かれます。

失敗しても問題ありません。失敗から学び、次の一手を自分で決めればいいのです。**幸せは、自己決定の中にあります。**まずは、小さな決定から始めてみましょう。

「何を食べるか」「今日をどう過ごすか」といった日常の中で、自分の意思を大切にすることで、人生を主体的に描けるようになるはずです。

コミュニケーションが苦手

# 共感とは相手の目で見て、相手の耳で聴き、相手の心で感じること。

『人生の意味の心理学』

## 会話の鍵は相手への共感

「パーティで会話が続かず緊張してしまう」「面白い話ができない」という悩みをよく聞きます。

しかし、社交の場で敬遠されるのは、自分の話ばかりする人です。無理に面白い話をしようとせず、聴き上手になりましょう。

アドラーは共感についてこう語りました。

**「共感とは、相手の目で見て、相手の耳で聴き、相手の心で感じること」**

**相手の立場や気持ちを理解しようとする姿勢が、真の共感を生む**のです。

あなたの役割は「インタビュアー」です。相手に興味を持ち、「どんな趣味がありますか?」などと質問してみてください。相手が話しやすい雰囲気をつくれば、「話しやすい人だ」と思われるでしょう。

相手の話に興味がわかなくても、無理に合わせる必要はありません。**相手自身に興味を持ち、真剣に耳を傾けてください。**そうすることで相手は安心し、心地良く話を続けられるでしょう。

そして、**話し終えると相手もあなたに興味を持ち、質問を返してくれるはずです。**

他者とのつながりを大切にし、関係を築こうとする意識こそ、アドラー心理学の**「共同体感覚」**です。**他者とつながり、共感する意識を持つことで、自然と良い人間関係が生まれ、コミュニケーションもスムーズになるでしょう。**

人生は不公平だ

# 運命を信じるな。
# 運命に逃げるな。
# 運命は切り拓け。

『生きるために大切なこと』

## 人には運命を創造する力がある

「人生は不公平だ」と感じることは、誰にでもあります。

親が金持ち、容姿が整っている、特権階級に生まれた——そんな人を見て、自分の境遇を「不運だ」と思うこともあるでしょう。「自分は生まれが悪いから、運命に逆らえない」とあきらめているかもしれません。

しかしアドラーは**「運命を信じるな。運命に逃げるな。運命は切り拓け」**と語っています。運命に甘んじるのは、建設的な努力から目を背けているのと同じです。

アドラー心理学の**「自己決定論」という考え方は、過去や環境に縛られず、自分の意志で運命を創造する力**を指します。

たとえ**生まれた境遇に不公平を感じても、そこからどう生きるかは自分次第**なのです。

例えば、現状に満足していないなら、**小さな目標を立てて行動**してみましょう。

「毎日少しだけでも本を読む」「1日1回、誰かに『ありがとう』と伝える」「朝10分だけストレッチをする」といったことでも構いません。

**「運命を切り拓く」とは、大きな決断だけではありません。自分の意志で決定した小さな行動の積み重ねが、あなたの未来を変える大きな一歩になります。**

どんな過去や環境であっても、あなたには運命を創造する力があることを忘れないでください。

自分が好きになれない

# 人生で大切なのは、「どのような経験をしたか」ではなく、「その経験をどう受け止めたか」である。

『生きる意味を求めて』

## 不完全な自分を受け入れて心を軽くする

「自分が好きになれない」「ものごとを否定的に考えてしまう」「これまでいいことなんてなかった」——こうした気持ちが続くと、心が疲れてしまいます。それは自己肯定感の低さが原因かもしれません。

アドラーはこう語っています。

**「人生で大切なのは、『どのような経験をしたか』ではなく、『その経験をどう受け止めたか』である」**

つまり、**過去に何が起きたかではなく、今の自分がその経験をどう受け止めるかが大切**なのです。

アドラー心理学では、**「認知論」は出来事の捉え方が人それぞれ異なることを指し、「目的論」は行動や感情が未来の目標によって動かされることを意味します。**

まずは**「自己受容」、つまり不完全な自分をそのまま認めることから始めましょう。「完璧でなくてもいい」と自分に許可を与えることで、心が軽くなります。**例えば、失敗しても「挑戦した自分」を認めるだけで、前向きな気持ちが生まれます。

次に、小さな「よかった」を見つける習慣をつけてください。「今日はいい天気だ」「誰かと笑顔を交わせた」など些細な喜びを記録すると、幸福感が蓄積されます。自分を責めるのをやめて、「今できること」に目を向けましょう。自分をねぎらうことが、自分を勇気づける一歩になります。

自分の意見が言えない

# 人は一人では生きられない。誰かとつながり、支え合うことで、生きていける。

『人生の意味の心理学』

## 意見を伝えて相手と信頼関係を築く

友人や同僚といった身近な人の意見に流され、自分の考えや本心を言えずに悩む人がいます。アドラーはこう語っています。

**「人は一人では生きられない。誰かとつながり、支え合うことで、生きていける」**

私たちの周りには必ず他者が存在し、そのつながりの中で私たちは生きています。

あなたもそのつながりを大切に思うからこそ、嫌われたり、馬鹿にされたりしないように気を配っているのでしょう。

しかし、自分の本心を隠したまま、他者と本当に良好な関係は築けません。

「間違っているかもしれないけど」「これは個人的な考えだけど」といった一言を添えながらでも、自分の意見を伝えてみてください。それを聞いた友人や同僚が、あなたを嫌ったり馬鹿にしたりするでしょうか。

むしろ、**意見を共有することで相手との理解が深まり、信頼関係が生まれる**ことが多いはずです。

アドラー心理学の**「共同体感覚」とは、「自分が他者とつながり、社会の一員として貢献している」**と感じることです。**他者を「自分を受け入れる寛容な存在」と信じ、同時に自分自身についても「ありのままで大丈夫だ」と認めてみましょう。**

本心を伝え合える関係は、信頼を築く土台となり、あなたがより充実した人生を送る助けになるのです。

他人に気を使いすぎる

ライフスタイル（性格）は、
自分の誤りに気づき、
人と協力して
幸福を目指すとき、
変えることができる。

『生きる意味を求めて』

## 大人でも性格は変えられる

他人に気を使いすぎて、心がすり減っていませんか？ 自分の意見や感情を抑えて「いい人」でいようとすると、ストレスが溜まるばかりです。

アドラー心理学では、**10歳くらいまでに他者と協調して生きるための考え方や行動パターン、つまりライフスタイル（性格）が形成される**と考えます。

その中で「本音を言うと嫌われる」「感情を表に出してはいけない」という誤った思い込みを抱えることがあります。

例えば、親から「我慢しなさい」「泣いたり怒ったりするのはよくない」と言われ続けると、自己犠牲や罪悪感を土台としたライフスタイルがつくられやすいのです。

しかし、**大人になってからでもライフスタイルは変えられます。**

アドラーはこう語っています。

**「ライフスタイル（性格）は、自分の誤りに気づき、人と協力して幸福を目指すとき、変えることができる」**

**自分らしく生きたいのなら、子どものころの思い込みを見直してみましょう。**「自分の意見を一つ言う」「無理なお願いは断る」といった小さな一歩を始めてください。

本音を伝える方が意外と楽だと気づくはずです。人への優しさを持ちながら、自分の気持ちも大切にする。そんな新しい生き方を試してみてください。

人に頼れない

# 人は弱い存在
# だからこそ、
# 共同体感覚を持ち、
# 他者と協力することで
# 強くなれる。

『人はなぜ神経症になるのか』

## 誰かに頼ることで人とつながる

「人に頼むくらいなら自分でやった方が早い」「断られるのが嫌だから頼まない」

そうやって仕事や家事などを一人で抱え込み、疲れ切っている人が多くいます。

しかし、人間は社会的な存在です。他者と協力し合うことで、より良い人生を築くようにできています。

アドラー心理学では、この**協力の意識を「共同体感覚」と呼び、人間が生きていく上で大切な価値観**としています。共同体感覚とは、**自分も相手も大切にしながら、互いに最善を目指して助け合う感覚**のことです。アドラーはこう語っています。

**「人は弱い存在だからこそ、共同体感覚を持ち、他者と協力することで強くなれる」**

確かに、一人の時間は気楽でいいと感じるかもしれません。でも、生涯を無人島で一人ぼっちで過ごすのは、想像以上に難しいはずです。

人間が幸福に生きるためには、身体と心の健全性に加えて、他者とのつながりという「社会的な健全性」が不可欠です。

**誰かに頼ることは、あなたが弱いからではなく、他者を信頼し、協力を受け入れる強さの証です。**共同体感覚を活かして、時には誰かに助けを求めてみましょう。

そうすることで、あなたの負担を軽くし、**相手には「頼られる喜び」を与える**ことにもなるのです。

死や病気が怖い

# どんな人生を生きるかは、その人の目標によって決まる。

『人はなぜ神経症になるのか』

## 目標に向かって今を生きる

身近な人の死や病気、事故や災害のニュースを目にすると、自分自身の死や病気への不安が高まることがあります。これは誰にでも起こる自然な感情です。

不安を「感じてはいけないもの」として否定する必要はありません。むしろ、人類はこの不安を克服しようと努力を重ねてきた結果、医療や技術を発展させ、進化を遂げてきたのです。

死や病気はコントロールできないものです。自分の力ではどうにもならない現実を嘆きたくなる気持ちは誰にでもあります。

ただ一つだけ確かなのは、誰もが**「必ず一度生まれ、必ず一度死ぬ」**という平等な条件を持っていることです。

アドラーはこう語っています。

**「どんな人生を生きるかは、その人の目標によって決まる」**

**避けられない現実を嘆くのではなく、自分が何を目指し、どのように生きるか考えることが大切**だと教えています。

不安を感じるのは、「まだ成し遂げたい目標がある」という証拠かもしれません。

それなら、その**目標に向かって、今できることに集中**してみてください。**不安は未来に目を向けるきっかけ**になります。

限りある時間をどう使うかを考え、行動することで、あなたの人生はより充実したものになるでしょう。

怒りっぽくイライラする

# 怒りは人と人を引き離し、共同体感覚を傷つける感情だ。

『性格の心理学』

## 怒りの背景にある感情を整理する

怒りっぽく、思い通りにならないとイライラし、周囲と衝突して自己嫌悪に陥る。この繰り返しに悩む人は少なくありません。

怒りをそのままぶつけることは、人間関係を悪化させ、後悔を生むことになります。

アドラーは**「怒りは人と人を引き離し、共同体感覚を傷つける感情だ」**と語っています。**「共同体感覚」**とは**「自分が仲間とつながり、社会の一員として貢献できる」**と感じる意識です。怒りを抑え、共同体感覚を育むことが、人間関係を円滑にします。

**怒りを感じたとき、まずは深呼吸やその場を離れるなどして、心を落ち着ける時間を持ちましょう。**冷静さを取り戻すことで、感情に流されずに対処できます。

次に、**怒りの背景にある一次感情（心配、不安、落胆、寂しさ、悲しみなど）を整理してみてください。「自分はなぜ傷ついたのか」「何を恐れているのか」を考えることで、怒りの正体が見えてきます。**

その上で、相手には「あなたの言動で私はこう感じた」と具体的に伝えましょう。

このように自分の感情を正直に伝えることで、相手はあなたの状況や気持ちを理解して共感しやすくなり、建設的な対話につながります。

怒りに支配されず、その感情を理解し、適切に表現することで、人間関係はより穏やかで前向きなものになるでしょう。

悲観的で性格が暗い

# ライフスタイル(性格)を変えるには、自分の思い込みに気づき、新しい視点を与えてくれる専門家の助けを借りよう。

『人生の意味の心理学』

## 専門家や信頼できる人に相談する

悲観的な考え方や暗い性格に悩む人は少なくありません。

その根底には、アドラー心理学でいう「ライフスタイル（性格）」が影響している可能性があります。

**ライフスタイルとは、子どものころに親や周囲との関わりを通じて形成される考え方や行動パターン**のことです。

例えば、子どもが「ありのままの自分では価値がない」と感じる経験をすると、自己否定感が強まり、悲観的な思考が癖になってしまうことがあります。

アドラーは**「ライフスタイル（性格）を変えるには、自分の思い込みに気づき、新しい視点を与えてくれる専門家の助けを借りよう」**と述べています。自分では気づけない思い込みを整理し、前向きな考え方を身につけるための手助けをするのがカウンセラーといった専門家の役割です。

まずは、**自分の感情や考え方を見直し、「何が自分を縛っているのか」に目を向けてみましょう。**

その上で、**専門家や信頼できる人に相談することで、自分では見えなかった新しい可能性を発見できます。**

一人で抱え込む必要はありません。新しい視点を得るために、専門家に相談してみてください。暗闇から抜け出す道は、必ず見つかります。

トラウマに悩んでいる

# 経験そのものが成功や失敗の原因ではない。トラウマに苦しむのではなく、未来に向かって経験をどう活かすかが大切だ。

『人生の意味の心理学』

## トラウマを未来への原動力に変える

「あのときの経験がトラウマになった」と、過去の失敗や傷ついた経験が原因で行動できなくなることがあります。

しかしアドラーはこう語ります。

**「経験そのものが成功や失敗の原因ではない。トラウマに苦しむのではなく、未来に向かって経験をどう活かすかが大切だ」**

アドラー心理学の**「目的論」**では、**過去のショックにとらわれるのではなく、その経験を自分の目的に合わせて捉え直して、未来の成長や目標達成に活かすべき**だと考えます。

例えば、「人間関係で傷ついたトラウマが原因で、新しい交流が怖い」という悩みを抱える人がいます。

確かに、人と関わる中で傷つく可能性はあります。しかし、「過去に傷ついたから今度も傷つく」と考えるのは思い込みかもしれません。

大切なのは、**「トラウマをどのように解釈するか」です。過去の経験を「失敗」と見るのではなく、「成長の種」として捉える**ことで、新しい一歩を踏み出せるようになります。

**「目的論」は、過去ではなく未来に焦点を当てます。**過去の痛みを「学び」に変え、それを糧に次の挑戦を始めてみましょう。

トラウマを未来への原動力に変えること。それが、あなたの成長の鍵となるのです。

人生の意味とは

# 人生の意味とは、人を思いやり、協力し合い、共に困難を乗り越える中で見つけられるものだ。

『人生の意味の心理学』

## 人生の価値はつながりの中にある

「人生の意味とは何か」

「自分には生きる価値があるのか」

こんなふうに人生や自分の価値について悩む人は少なくありません。

現代社会が生産性や結果を重視する中で、時には「ありのままの自分」を否定され、心が疲れてしまうこともあるでしょう。

しかし、アドラーは**「人生の意味とは、人を思いやり、協力し合い、共に困難を乗り越える中で見つけられるものだ」**と語っています。

この言葉が示すのは、人生の意味は他者とのつながりの中にあるということです。

まず、**不完全な自分を受け入れ、「完璧でなくてもいい」と自分にOKを出すことが大切**です。それが自己否定から解放される第一歩になります。

その上で、他者と協力し、困難を共に乗り越える体験を重ねましょう。

例えば、家族や友人のためにちょっとした手助けをしたり、自分からサポートをお願いしたりしてみてください。その中で「自分が役立っている」「人に支えられている」と実感できるでしょう。

**人生の意味は、自分だけで見つけるものではなく、他者と分かち合い、協力する中で育まれる**のです。

つながりの中でこそ、人は自分の価値と可能性に気づくことができるのです。

本当の自分とは

# 人間の精神は、常に目標を追い続ける。幼いころに抱いた世界観や理想が、その人生を導く。

『人間知の心理学』

## 「なりたい自分」は心の中にある

「本当の自分とは？」

「自分のやりたいことは何だろう？」

このような「自分探し」に悩む人は少なくありません。

アドラーは、**「人間の精神は、常に目標を追い続ける。幼いころに抱いた世界観や理想が、その人生を導く」**と語りました。

この考え方の中心にあるのが**「目的論」**です。

**私たちの行動や選択は、過去の経験や環境ではなく、未来の目標や理想によって導かれる**という考え方です。

しかし、親や社会の期待に縛られ、「こんな自分ではダメだ」と自己否定を重ねると、本当にやりたいことがわからなくなることがあります。

けれども、本来の**「なりたい自分」は、幼少期から心の中に宿っているものです。大切なのは、それに素直に向き合い、理想に向かって経験を積み重ねること**です。

親や社会の価値観をひとまず横に置き、自分の心の声に耳を傾けてみましょう。

小さな一歩で構いません。興味のあることに挑戦したり、アドバイスを求めたりする中で、自分の道が見えてきます。

明日のことを不安に感じるよりも、今日の一歩を大切にしてください。人生は一度きりで、時間は限られています。

動くなら、今です。

Adler's Keywords 01

# アドラー心理学とは

## 人間関係の悩みを解消する心理学

アドラー心理学は、オーストリアの心理学者**アルフレッド・アドラー**が提唱した、実践的な心理学です。

フロイトやユングと並び「心理学の三大巨頭」と称されるアドラーが生み出したこの理論は、**「勇気づけの心理学」**とも呼ばれ、人間関係や自己成長を支える具体的なヒントに満ちています。

1870年にオーストリアで生まれたアドラーは、精神科医として多くの人々を支え、その経験をもとに独自の理論を発展させました。

アドラー心理学の特長は、その**わかりやすさと実践のしやすさ**にあります。家庭、職場、学校など、あらゆる場面で応用できるアドラーの考え方は、**現代でも世界中で多くの人々に支持されています。**

アドラー心理学は、**「自己決定論」「目的論」「全体論」「認知論」「対人関係論」**

の5つの理論で構成されています。

これらの理論は、人間の行動や心理を深く理解し、前向きに変化を促すための視点を提供します。

また、アドラー心理学で特に大切なのが**「勇気づけ」**と**「共同体感覚」**です。「勇気づけ」とは、困難を乗り越える力を引き出し、相手を支えるための方法です。「共同体感覚」は、自分が社会の一員であり、他者に貢献できる存在だと実感する感覚を指します。

この2つは、**人間関係を円滑にし、幸福感を高める**ための鍵となります。

アドラー心理学の最大の魅力は、**日常の人間関係の悩みを解消し、未来を前向きに選び取るための道筋を示してくれる**ことです。

職場での人間関係や家庭での問題、友人関係の悩みなど、どんな場面でも役立つ普遍的な考え方が詰まっているのです。

**「過去ではなく未来に目を向けよう」**と語るアドラー心理学。新しい視点で人生を見つめ直し、自分らしい未来を描きたいとき、ぜひその扉を開けてみてください。

## アドラー心理学の全体像

**勇気づけ**

自分や他人に対して困難を克服する力を与える。「共感」「信頼」「尊敬」の3つの姿勢が基本。

↓

**自己決定論**

「人は自ら運命を創造する力がある」「人生の主人公は自分自身」という考え方。

**目的論**

人の行動には、その人自身の意図をともなった目的がある。原因志向ではなく、未来志向の視点。

**全体論**

「人の心に矛盾はない」「心と体、理性と感情はすべてつながった一つのもの」という考え方。

**認知論**

人は自分特有の見方で物事を見る。それぞれの主観を通して体験や出来事を解釈する。

**対人関係論**

人のあらゆる行動には、相手役が存在する。その行動はお互いに影響を与える。

↓

**共同体感覚**

「自分には居場所がある」「人は信頼できる」「誰かの役に立てる」と思える場で生きている感覚。

# 第2章

# 仕事・職場

## 人への貢献が仕事のやりがいを生む

嫌いな上司や同僚がいる

# 「人生の三大課題」とは、「仕事」「交友」「恋愛・結婚」である。

『生きるために大切なこと』

## 自分を鍛えるチャンスにする

人間は感情の生き物です。

職場で性格が合わず、嫌いな上司や同僚がいても仕方がありません。

アドラー心理学では、大人が直面する**「人生の三大課題」**を挙げています。

それは**「仕事」「交友（仲間）」「恋愛・結婚（パートナーシップ）」**の3つです。

この**三大課題はすべて人間関係から生まれ、大人になると避けて通れないものです。**

特に「仕事」の課題は、職場という場所でさまざまな人と協力し、成果を上げることが求められます。

一人では成し遂げられない仕事をチームで進める以上、他者との関係が不可欠です。

ただし、職場の人間関係は仕事中だけのお付き合いに限定できるため、交友や恋愛・結婚の課題よりも距離を取りやすい点が特徴です。

**性格が合わない人と職場で接するのがつらいときは、「自分を鍛えるチャンス」と前向きに捉えてみましょう。**

例えば、「合わない人の長所を一つ見つけてみる」「折り合いをつける方法を試す」といった小さなチャレンジから始めると、ストレスが軽減されるだけでなく、対人スキルも磨かれます。

仕事は他者との協力で成り立つものです。**性格の違いを乗り越えることで、あなた自身の成長にもつながります。**

上司とのコミュニケーション

# 人の弱さが社会をつくり、社会の協力がその弱さを支える。

『生きるために大切なこと』

## 一言の会話が信頼関係を生む

職場で上司とのコミュニケーションに悩む人は少なくありません。

「自分の意見を言うのが怖い」「指示を待つだけ」というような消極的な部下や、威圧的な態度で部下を萎縮させる上司がいることが、その要因の一つです。

アドラー心理学では、こうした問題の背景に「劣等感」が関わる場合があると考えます。

劣等感とは、他者と比べて「自分は劣っている」と感じる感覚です。上司によっては、**劣等感を隠そうとして優越感を誇示し、威圧的な態度を取る**場合があります。

その結果、部下は自信を失い、消極的な行動を取るようになるのです。

アドラーは**「人の弱さが社会をつくり、社会の協力がその弱さを支える」**と語りました。この言葉は、**他者と協力し合う意識が劣等感を克服する鍵になる**ことを示しています。アドラー心理学ではこれを**「共同体感覚」と呼びます。全体の利益を考え、協力し合う意識が関係改善を促します。**

例えば意見を言うのが怖いときは、「この部分について確認できますか？」など、**シンプルな質問から始めましょう。たった一言でも、上司との対話がスムーズになり、信頼関係が生まれるきっかけになります。**

小さな行動の積み重ねが、風通しの良い職場づくりにつながるはずです。

部下をうまく指導できない

# 人は困難を乗り越え、目標を達成することで成長する。

『人生の意味の心理学』

## 「勇気づけ」で部下を指導する

部下や後輩を指導する立場になると、期待どおりにいかず、「成果をうまく引き出せない」と悩むことがあります。

さらに指導者には成果を上げるだけでなく、相手がのびのび成長できる環境をつくる役割も求められます。

アドラー心理学では**「人は困難を乗り越え、目標を達成することで成長する」**と説いています。

そのために必要なのが**「勇気づけ」**です。

勇気づけとは、**相手が「自分は価値がある」「できる」と感じられるようサポートし、困難に立ち向かう力を引き出すこと**です。

一方、**指導者が相手をすべて思いどおりに動かそうとすると、挑戦する勇気をくじいてしまいます。**「失敗できない」と感じた部下や後輩は、安全な道ばかり選び、成長や成果につながりにくくなります。

指導のポイントは、**失敗を許容し、それを学びのチャンスに変えること**です。

「この失敗は次の成功につながる」と前向きに伝えることで、相手が失敗を恐れず挑戦できる環境をつくりましょう。成長の勇気を引き出すのが指導者の役割です。

部下や後輩が活き活き働き、成果を出すチームは、失敗を学びに変えられる「勇気づけの環境」が整ったチームです。

あなたの支えで、そんなチームを築いていきましょう。

同僚とのトラブル

# ライフスタイル(性格)は普段は目立たないが、困難に直面したときにはっきりと表れる。

『生きるために大切なこと』

## ライフスタイルの違いを受け止める

職場での同僚とのトラブルは誰にでも起こり得ます。同僚の仕事のやり方に不満を感じても、うまく言えずにストレスが溜まることもあるでしょう。

アドラー心理学では、こうした行動の背景に「ライフスタイル（性格）」があると考えます。**ライフスタイルとは、「人生の課題にどう向き合うか」を示す、その人独自の考え方や行動パターン**です。アドラーはこう語ります。

**「ライフスタイル（性格）は普段は目立たないが、困難に直面したときにははっきりと表れる」**

つまり、トラブルが起きるのは、あなたと同僚の仕事のやり方や価値観が異なるためです。**それぞれのライフスタイルが表に出た結果**だといえます。

例えば「一人で集中してやりたい人」と「話し合いながらやりたい人」では、やり方が食い違います。どちらにも良さがあり、優劣をつけるものではありません。

同僚のやり方に不満があるときは、相手の良さを認めつつ「この部分はこうしてもらえると助かる」と具体的に要望を伝えてみましょう。

**大切なのは、違いを否定せず、チーム全体の目標達成を考えること**です。それぞれの強みを活かし、協力し合うことで、より良い成果が生まれるでしょう。

同僚に嫉妬してしまう

# 嫉妬は何も生み出さない。他人を嫉妬するより、自分を高めることに力を注ごう。

『生きるために大切なこと』

## 嫉妬を成長の原動力に変える

職場の同期や同僚が自分より先に出世した。学生時代の同級生が成功している。そんな姿を見ると、つい嫉妬が芽生えることがあります。

「自分もがんばっているのに評価されない」「現実は不公平だ」と思うと、なおさら嫉妬が強まることもあるでしょう。

しかし、アドラー心理学では、**嫉妬を「人生における無益な態度」**と捉えています。

アドラーはこう語ります。

**「嫉妬は何も生み出さない。他人を嫉妬するより、自分を高めることに力を注ごう」**

嫉妬にエネルギーを奪われるよりも、それを自分の成長の原動力に変える方がはるかに有益です。

**職場の同僚や昔の友人は、嫉妬の対象ではなく、目標に向かって努力している仲間です。**

視点を変えて、彼らを**「健全なライバル」として捉えれば、互いに刺激し合い、勇気を与え合う関係になれます。**早く成功する人もいれば、時間をかけて花開く人もいます。人生のペースは人それぞれです。

大切なのは、他人の評価ではなく自分自身の評価です。**他者と比べるのではなく、自分の価値を認め、自分のペースで目標に向かうことを心がけましょう。**

嫉妬を手放すことで、心が軽くなり、前向きに進めるはずです。

仕事にやりがいがない

# 人生で大切なのは、誰かの役に立つこと。その意義を見つけた人だけが、困難を乗り越えられる。

『人生の意味の心理学』

## 社会への貢献がやりがいを生む

仕事にやりがいを感じられず悩むことは、誰にでもあるものです。

そんなときは、**自分の仕事がどのように社会に役立っているか、少し視点を変えて考えてみてください。**新しい気づきややりがいを見つけるきっかけになるはずです。

例えば、イソップ寓話の「3人のレンガ職人」の話があります。

同じレンガ積みでも、「命令されたからやっているだけ」と考える人もいれば、「家族を養うため」と考える人もいます。

一方で、「歴史に残る大聖堂を建てている」と考える人は、やりがいと誇りを持って働いています。

同じ作業でも、その意義を見つけることで、仕事への感じ方が大きく変わるのです。

アドラーはこう語っています。

**「人生で大切なのは、誰かの役に立つこと。その意義を見つけた人だけが、困難を乗り越えられる」**

**あなたの仕事が、同僚を助け、お客様に喜ばれ、社会を支えていると気づくことが、やりがいにつながります。**

アドラー心理学の**「共同体感覚」とは、「自分が社会とつながり、貢献している」と感じる意識**です。

この感覚を育てることで、日々の仕事がより充実し、やりがいを持って取り組めるようになるでしょう。

仕事のプレッシャーがつらい

# 優越の欲求とは、他者を見下すことではなく、自分の価値を認め、社会に貢献する力だ。

『人間知の心理学』

## 自分の価値を信じて社会に貢献する

大きな仕事を任され、責任の重さに押しつぶされそうになることは、多くの人が経験する悩みです。

「失敗したらどうしよう」「期待に応えられるだろうか」と不安が募るのは、責任感が強い証拠ともいえます。しかし、プレッシャーを一人で抱え込む必要はありません。

アドラー心理学では、**人間は「もっと成長したい」「より良い自分になりたい」という前向きな欲求を持つと考えます。これを「優越の欲求」**と呼びます。

ただし、この**「優越の欲求」は他者を見下すものではなく、「自分の価値を信じ、社会に貢献する力」**を指します。

**優越の欲求を正しく活用すれば、自身の成長と社会への貢献を同時に実現**できます。

大切なのは、一人で完璧を目指すのではなく、周囲と力を合わせて進むことです。

仕事を通じて**「人の役に立てる」「この目標を達成すれば成長できる」と感じられる環境をつくることが、協力を得る鍵となります。**

まずは周囲に不安を共有し、協力を依頼してみましょう。仲間を信じることで、チームの力が発揮されやすくなります。プレッシャーを感じるときこそ、自分を信じ、周囲と協力して目標達成を目指しましょう。

一人では越えられない壁も、力を合わせればきっと突破できるはずです。

職場での評価が不満

# 誰かの役に立つことで、困難を乗り越える勇気が生まれる。

『人生の意味の心理学』

## 会社や社会への貢献を評価の基準にする

職場での評価に不満を抱くことは珍しくありません。

例えば、どんなにがんばっても評価基準が曖昧な場合や、周囲の意見や印象が影響して努力が正当に評価されないと感じると、不満を覚えやすくなります。

アドラーは**「誰かの役に立つことで、困難を乗り越える勇気が生まれる」**と語りました。

評価に振り回されないためには、**「自分の価値を他人の評価だけに委ねない」**姿勢が大切です。

上司は、あなたの仕事すべてを正確に把握した上で、評価を下しているわけではありません。だからこそ、**「自分は仕事を通じて会社や社会にどんな貢献ができただろう？」**と自問し、自分の基準で充実感を得る視点を持ちましょう。

また、職場で評価を得るには、「がんばっている」と思わせるだけでなく、具体的な行動や成果を伝えることが重要です。

例えば「この工夫でうまくいきました」「課題をこう解決しました」と実績を上司と共有すれば、仕事の成果が伝わりやすくなります。信頼を深める機会にもなり、評価にもつながりやすいでしょう。

焦らず、自分の貢献を伝える行動を積み重ねましょう。評価への不満がやわらぎ、自信を持って働ける日がきっと来ます。

職場の雰囲気が悪い

人は不安にとらわれると、自分のことで精一杯になり、仲間の存在が見えなくなる。

『性格の心理学』

## 日常的な声がけが雰囲気を良くする

職場の雰囲気が悪く、出勤するのが苦痛に感じることがあります。

例えば、「会話が少なく挨拶が返ってこない」「ミスを責め合う空気が漂っている」「感謝の言葉がない」といった状況です。

このような職場では、誰もが自分を守ることで精一杯になり、協力や助け合いが失われがちです。

アドラーは、**「人は不安にとらわれると、自分のことで精一杯になり、仲間の存在が見えなくなる」**と語りました。

ミスを責められる不安や、失敗を恐れる心理が強い職場では、緊張感が支配し、雰囲気がさらに悪化してしまいます。

「意見を言うと否定されるかもしれない」「空気を壊すのが怖い」といった気持ちが、不安の大きな原因です。

**職場環境を改善するには、まず身近な声かけを意識してみましょう。**「お疲れ様」「ありがとう」「助かりました」といった言葉を日常的に交わすだけで、少しずつ不安がやわらぎ、関係が温かくなります。

また、メンバーの得意なことを認め、「これをお願いしてもいい？」と頼ることで、信頼関係が深まります。

雰囲気を変えるのは一人では難しいですが、**小さな行動の積み重ねが、働きやすい職場をつくるきっかけになります。**まずは自分から始めてみてください。

忙しくて休みが取れない

# 分業とは、仕事や責任を一人で抱え込まず、仲間と分かち合い、共に取り組むことだ。

『人間知の心理学』

## 協力して無理のない働き方を目指す

仕事が忙しく、休むと周囲に迷惑をかけている気がして心から休めない。このように感じる人は少なくありません。

有給休暇を取ることに罪悪感を抱いたり、「休むと仕事が滞る」と不安を感じたりする人も多いでしょう。

アドラーは**「分業とは、仕事や責任を一人で抱え込まず、仲間と分かち合い、共に取り組むことだ」**と語りました。

これは、アドラー心理学で重視される「共同体感覚」の実践です。**共同体感覚とは、仲間と支え合いながら責任を果たす姿勢**のことを指します。

休む準備として、自分の仕事を整理し、「この仕事はお願いできますか」「作業はここまで進んでいます」と具体的に頼むことが大切です。

「手伝ってくれて助かります」「いつもありがとう」といった感謝の言葉を添えると、信頼関係も深まります。

同時に、普段から自分も積極的に他人を手伝い、協力する姿勢を見せましょう。

**協力は一方通行ではありません。助け合うことで、仲間からのサポートを受けやすい環境が整います。**休むことは、迷惑ではなく、自分の健康と仕事の質を守るために必要な行動です。

支え合いながら、無理のない働き方を目指していきましょう。

転職するのが不安

# 人間の精神は、目標によって形作られ、その目標に向かって進み続ける。

『人間知の心理学』

## 明確な目標がエネルギーを生み出す

「今の仕事に不満があるけれど、転職するのは不安」という悩みはよくあることです。転職が一般的になった現代でも、その一歩を踏み出すには勇気が必要です。

アドラー心理学の**「目的論」では、人間の行動や考え方は、すべて目標によって方向づけられると考えます。**

アドラーはこう語っています。

**「人間の精神は、目標によって形作られ、その目標に向かって進み続ける」**

転職への不安は、「理想の人生に近づけるか」という目標に対する迷いから来ているのかもしれません。

**目標が明確になるほど、不安はやわらぎ、希望が行動のエネルギーに変わります。**

まず、現職に対する不満を整理してみましょう。「仕事内容が合わない」「人間関係がつらい」など原因を具体化すると、自分の気持ちが落ち着きます。

また、キャリアカウンセラーや信頼できる友人・家族に相談することで、新たな視点や可能性を得られるでしょう。

さらに、「どんな働き方をしたいのか」「どんな環境で成長したいのか」を具体的に考えることで、不安を希望へと変え、前進する力が生まれます。

**あなたの人生はあなた自身のもの。目標を明確にし、自分が納得できる選択で未来を切り拓いていきましょう。**

Adler's Keywords 02

# 「勇気づけ」で元気を引き出す

**「勇気づけ」で自分も相手も元気にする**

アドラー心理学は**「勇気づけの心理学」**とも呼ばれます。

「勇気づけ」は、ただ人を励ますだけのものではありません。**困難を克服する力を引き出し、相手を支えると同時に、自分自身も成長できる考え方**です。

「ほめる」や「激励する」とは異なり、**相手を評価するのではなく、尊重しながら力を引き出すアプローチ**が特長です。

例えば、「えらいね」といった言葉は、相手をほめているようで、上から目線で評価している印象を与えがちです。

一方、「努力した結果だね」といった言葉は、相手の努力そのものを純粋に認め、対等な立場で励ますニュアンスを持っています。

「勇気づけ」のポイントは、**相手が「自分は価値がある」と感じられるような言葉をかける**ことにあります。

勇気づけの基本は**「共感」「信頼」「尊敬」**の3つの姿勢です。

相手の気持ちに寄り添う共感、行動の裏にある善意を信じる信頼、上下関係をつくらずに敬う尊敬。この3つを心がけるだけで、人間関係が穏やかで前向きなものになります。

実践のコツとして、まずは**感謝を伝える**ことを意識してみましょう。「ありがとう」という一言が相手を肯定し、人間関係を深めます。

**相手の良い面を見つけて伝える「ヨイ出し」**の習慣を持つことも大切です。さらに、**相手の話をじっくり聞き、成長や努力を認めること**で、相手に自信を与えられます。

**失敗したときも責めるのではなく、「次につながる経験だね」と受け入れる姿勢**が、相手の勇気を引き出します。

勇気づけは家庭や職場、学校など、あらゆる場面で活用できます。特別な技術ではなく、誰にでも実践できる日常の小さな行動から始められるものです。**相手を支えながら自分自身も元気になる勇気づけの力**、ぜひ生活に取り入れてみてください。

## 「勇気づけ」で元気を引き出す実践法

### ①感謝をする

相手の感謝できる点を見つけ、感謝の気持ちを言葉や態度で示す。感謝は人間関係を深める。

### ②「ヨイ出し」をする

相手の良い点に目を向け、それを伝える習慣をつける。認められることで相手は自信を持てる。

### ③聴き上手になる

自分が話すよりも、相手の話に耳を傾ける。相手を主役にし、関心を持つことで安心感を与える。

### ④相手の進歩・成長を認める

努力や行動の過程に注目し、進歩や成長を具体的に伝える。適切な評価が相手の意欲を引き出す。

### ⑤失敗を許容する

失敗を責めずに温かく受け入れる。失敗を学びとし、前向きな行動を促す姿勢が大切。

**これらを日常的に実践することで、「勇気づけ」の姿勢と技術が自然と身につき、より良い人間関係を築くことができる。**

# 第3章

# 家族・親子

## 共感と協力が深める家族の絆

親の介護に悩んでいる

# 勇気がある人は、困難を克服できると信じ、問題に立ち向かう。

『個人心理学講義』

## 介護での目標と役割を話し合う

親の介護をどうすればいいか。

さまざまな負担にどう対処するか。

介護問題には悩みが尽きません。

介護はいつ始まり、いつ終わるかわかりません。その上、親や兄弟姉妹、その配偶者など関わる人の状況や価値観が異なるため、調整が難しいこともあります。

アドラーはこう語っています。

**「勇気がある人は、困難を克服できると信じ、問題に立ち向かう」**

ここでの**「勇気」とは「困難を克服する力」**を指します。また、アドラー心理学で重要とされる**「共同体感覚」は、「自分が他者とつながり、助け合う社会の一員であると感じる心」**を意味します。

これらの考え方をもとに家族で協力すれば、介護の問題にも前向きに取り組めます。

重要なのは、**家族全員で目標を共有すること**です。例えば「親が安心して暮らせる環境をつくる」という目標を定め、その上で**各自ができる役割を話し合いましょう。**

送迎や家事、事務手続きの代行、金銭的な負担など、無理のない範囲で力を尽くすことが大切です。

すべてを公平に分担する必要はなく、一時的に負担が偏っても、将来別の場面で助け合えばバランスが取れます。

家族で協力すれば、親も自分も安心して過ごせる環境が築けるでしょう。

遺産相続でもめている

# 仲間に無関心な人が、周囲に害をもたらす。仲間への関心と協力が、社会を良くする。

『人生の意味の心理学』

## お互いが合意できる「納得解」を目指す

親の遺産相続をめぐって家族が衝突することは珍しくありません。

たとえ血のつながった肉親でも、「事実は一つでも、真実は人の数だけある」といわれるように、立場や価値観が違えば意見がぶつかるのは自然です。

むしろ、近しい関係だからこそ対立は深まりやすく、お金が絡むと人はいつもの自分ではなくなることもあります。

アドラー心理学では、こうしたとき**「共同体感覚」**が鍵になると説きます。共同体感覚とは**「自分が他者とつながり、助け合う社会の一員と感じる心」**を指します。

アドラーは**「仲間に無関心な人が、周囲に害をもたらす。仲間への関心と協力が、社会を良くする」**と警告しています。

相続問題でも、**自分の正しさを押し通すのではなく、兄弟姉妹を仲間と捉え、協力的な解決策を探る姿勢が大切**です。

法律上、法定相続や遺言で複雑化することがありますが、その先には「納得解」があります。**「納得解」とは、完璧な正解ではなく、互いが受け入れられる合意点**です。

そのために冷静な話し合いと、相手の主張に耳を傾ける姿勢が求められます。

もし家族が対立し続ければ、亡くなった親も報われません。相手を敵ではなく仲間とみなし、協力し合うことで解決策が見つかるはずです。

家族の中で孤立している

# 私たちが経験する現実とは、自分自身で意味をつけたものだ。

『人生の意味の心理学』

## 認知論を意識して思い込みを手放す

家族の中で自分だけ話や意見が合わず、孤立感を抱える人がいます。

身近な家族と距離を感じるのは、つらいものです。しかし、その孤立感が本当に正しい解釈かどうか、冷静に考えてみてください。アドラーはこう語っています。

**「私たちが経験する現実とは、自分自身で意味をつけたものだ」**

これはアドラー心理学の**「認知論」**に基づく考え方です。**同じ出来事でも、人はそれぞれの価値観や経験をもとに異なる解釈をします。**例えば、雨の日を「憂鬱な天気」と感じる人もいれば、「落ち着いた時間」と捉える人もいます。

意見の相違を「自分だけ孤立」と見るのは、あなたがそう解釈しているだけかもしれません。

家族に「嫌われているのでは」と悩む人が、勇気を持って本音を伝えた結果、誤解だったと気づき、安心するケースもよくあります。

家族にとって、あなたの意見は大切な個性として受け止められている可能性もあります。本音を伝えれば、家族も改めてあなたの存在の大切さに気づくかもしれません。

**認知論を意識し、思い込みを手放してみましょう。**家族を仲間として見直し、対話を重ねることで、温かいつながりと安心感を取り戻すことができるはずです。

親戚付き合いが疲れる

# 人の悩みは対人関係から生まれ、その解決もまた対人関係の中にある。

『人生の意味の心理学』

## 肩の力を抜いて適度な距離感を保つ

親戚の集まりで気を使いすぎて疲れる、というのはよくある悩みです。

特に結婚後、義理の両親や親族と無理に話を合わせるうちに、「これ、自分の本心じゃない」と感じることもあるでしょう。

アドラーは**「人の悩みは対人関係から生まれ、その解決もまた対人関係の中にある」**と説きました。

この**「対人関係論」では、すべての悩みの原因は他者との関係にあり、その解決も相手との関係を見直すことで見えてくると考えます。**他者に関心を持つことは、相手を尊重し、信頼関係を築くために大切です。

ただし、自分の本心を軽視して無理に合わせる必要はありません。「嫌われたくない」という思いでがんばりすぎると、かえってストレスがたまるものです。

**親戚付き合いは「お仕事」と割り切る**のも一つの方法です。義理の両親や親族は、自分で選んだ関係ではありません。「八方美人になるのは無理」と割り切り、**適度な距離感を保ちましょう。**

また、意見が合わないときは無理に合わせるのではなく、「この人はなぜこう考えるのだろう？」と相手の関心に興味を寄せると、会話が楽になります。

肩の力を抜いて、「ほどほど」を心がけるだけで、親戚付き合いのストレスがぐっと減るはずです。

子育てで大切なことは

# 愛され、認められた経験が、子どもに人と支え合いながら生きる力を与える。

『人間知の心理学』

## 結果だけでなく努力や感情を受け止める

子育てにおいて、何が大切か迷うこともあるでしょう。

アドラーは**「愛され、認められた経験が、子どもに人と支え合いながら生きる力を与える」**と語っています。

これは**「共同体感覚」**に基づく考え方で、**他者と協力し、つながりの中で生きる力となります。この感覚を育てることで、子どもは社会の一員として成長します。**

親がすべきなのは、**結果ばかりを求めず、子どもの感情に寄り添うこと**です。

例えば、子どもが悔し涙を流したら「悔しいね」と共感し、喜んでいるときは「うれしそうだね」と声をかけます。大切なのは、**結果だけを評価するのではなく、努力や感情を受け止める姿勢**です。

こうした接し方が、子どもの心に「自分は大丈夫だ」という勇気を育みます。

また、子どもが夢に向かうとき、**「その夢が誰にどんな良い影響を与えるのか」**を一緒に考えてみてください。

「その夢が叶うと誰が喜ぶかな？」と問いかけることで、夢と他者をつなぐ意義を見つける手助けになります。これが共同体感覚を深め、子どもが社会と調和して成長する土台となります。

挑戦と失敗を繰り返しながら、子どもが自分らしい人生を歩む。その過程を見守ることが、親としての大切な役割です。

夫婦で子育ての方針が合わない

# 子育てには、厳しさや甘やかしではなく、理解し、勇気を与えることが大切だ。

『子どもの教育』

## 子育ての共通の目標を話し合う

夫婦間で子育ての方針が合わないことはよくあります。一方が「のびのび育てたい」と考え、もう一方が「厳しく育てないと自立できない」と主張するケースもあります。

どちらも子どもを思ってのことですが、意見の違いが衝突を招くことも少なくありません。

こうした場合、「子どものどんな力を育てたいか」という**共通の目標を話し合うことが大切です。「自立心を育てたい」というように夫婦間で合意できれば、具体的な方法も調整しやすくなります**。

また、アドラー心理学では、**「ほめない、叱らないで、勇気づける」**ことを基本としています。アドラーはこう語りました。**「子育てには、厳しさや甘やかしではなく、理解し、勇気を与えることが大切だ」**

**勇気づけとは、子どもを信じ、励まし、自分で考え行動する力を引き出す方法です。**

例えば、テストで結果が悪くてもダメ出しせずに、「見直しを手伝おうか」などと提案することで、次への意欲が生まれます。

また、練習に励んだ場面では、「たくさん練習していたね」と努力を認め、自信を育みます。

夫婦が協力し、勇気づけを取り入れた子育てを実践してみましょう。子どもは自立への一歩を踏み出せ、家族の絆も深まるはずです。

祖父母が子育てに口を出す

# 人は、自分のライフスタイル(性格)に合う経験を選び、それを土台に物事を考える。

『人間知の心理学』

## 感謝を伝えながら干渉を受け流す

祖父母が子育てに口を出してきて、ストレスを感じるのは、多くの家庭で見られる悩みです。

アドラー心理学では、**「ライフスタイル（性格）」は幼少期に形成された思考や感じ方のパターンによってつくられ、人はそれをもとに行動や判断をする**とされています。

祖父母と親では異なる価値観があり、祖父母が自身の育児経験を基準にアドバイスをするのは自然なことです。

アドラーは**「人は、自分のライフスタイル（性格）に合う経験を選び、それを土台に物事を考える」**と説きます。

祖父母の干渉が気になるのは、彼らが良かれと思い**自分の価値観に基づいて口を出してくるためです。ただ、それが現代の育児方針や親の考えに合うとは限りません。**

アドラー心理学が示す子育ての目的は、子どもの自立を支援し、社会で役立つ力を育むことです。親や祖父母が過度に介入せず、子どもが自分で成長できる環境を整えることが重要です。

祖父母には**「アドバイスをありがとう」と感謝しつつ、「私たちの方針で進めます」と穏やかに伝えることで衝突を避けられるでしょう。**

祖父母と親が協力すれば、子どもは安心して成長でき、家族全体でより良い子育てが実現するはずです。

育児と仕事が両立できない

# 挑戦する勇気が、失敗を成長の糧に変える。

『子どもの教育』

## 失敗しても挑戦を続ける勇気を持つ

育児と仕事の両立がうまくいかないと、「自分はダメな親ではないか」と感じることがあります。

でも、それは違います。アドラーは**「挑戦する勇気が、失敗を成長の糧に変える」**と教えています。

つまり、完璧でなくても、挑戦する姿勢こそが成長につながるのです。

挑戦とは、例えば仕事の効率化を工夫してみたり、子どもと短い時間でも心を込めて接したりすること。それぞれの状況ででき る範囲で試行錯誤を続けることです。

大切なのは、**自分を責めるのではなく、「よくがんばっている」と自分をねぎらうこと。この行動は自己肯定感を高め、次の挑戦に向かうエネルギーを生み出します。**

また、他人の助けを借りることを恐れないでください。不完全さを認め、周囲に協力を求めることで、新たな視点が得られたり、負担が軽減されたりします。

子どもは親の背中を見て育つもの。挑戦する姿勢や他者と協力する姿は、子どもにとって**「失敗しても挑戦を続けることの大切さ」**を教える最高の手本となります。

育児と仕事を両立する中で大切なのは、完璧を目指すことではなく、自分のペースで歩み続けることです。それが、子どもとあなたの未来を豊かにする一歩となるはずです。

子どもが言うことをきかない

# 子どもを友人として、対等な人間として扱うことが大切だ。

『子どもの教育』

## 親が「最大の応援者」であると示す

子どもが反抗期に入ると、言うことを聞かなくなり、親として悩む場面が増えるものです。

反抗期は小学校高学年から高校生くらいまで続き、この時期に子どもたちは自分らしさを模索しながら成長していきます。

親に強く反発するのは「親が嫌い」だからではなく、「自分で考え、自立したい」という思いの表れです。

アドラーはこう語りました。

**「子どもを友人として、対等な人間として扱うことが大切だ」**

親が上から押さえつけるのではなく、**子どもの意思や感情を尊重し、見守る姿勢を持つ**ことで、反抗期特有の衝突はぐっと減ります。

親が**「最大の応援者」であると示すことで、信頼が深まり、協力的な関係が築かれるでしょう。**その際、親自身が心の余裕を持つことも忘れないでください。

とはいえ、親も完璧である必要はありません。子育ては親自身が学び、成長する場でもあります。失敗を恐れず、子どもと共に歩む姿勢を大切にしましょう。

実践的には、**まず子どもの話を否定せずに聞き、「あなたを信じているよ」というメッセージを伝えることが効果的です。**

反抗期は親子で成長するチャンス。焦らず、お互いの成長を楽しみましょう。

子どもが勉強しない

# 子どもは、身近でいちばん強い人を見つけ、その人のようになろうとする。

『生きるために大切なこと』

## 親が勉強する姿を子どもに見せる

子どもがなかなか勉強をせず、どうすればいいか悩む親は少なくありません。

アドラー心理学の**「課題の分離」**では、勉強するかしないかは「子どもの課題」と考えます。

この考え方は、**親と子どもの課題を分けることで、親の負担や不安を軽減しつつ、子どもに主体性を持たせるもの**です。

ただし、課題の分離は子どもを突き放すものではありません。その後、**親と子どもが協力して「共同の課題」として取り組む**ことが重要です。

親が、子どもが自分の課題に向き合いやすい環境を整えたり、必要なサポートを提供することで、勉強は親と子どもの共同の課題になります。

アドラーは**「子どもは、身近でいちばん強い人を見つけ、その人のようになろうとする」**と述べています。子どもは親の言葉よりも行動を見て育ちます。

例えば、**子どもに勉強好きになってほしいなら、親が楽しそうに本を読んだり、新しいことを学ぶ姿を見せたりすることが有効です。**

親が学ぶ姿は、子どもに「勉強って楽しそう」と思わせるきっかけになります。親と子どもが協力して共同の課題に取り組むことで、親の支えが子どもの成長を後押しし、自然とやる気を引き出せるでしょう。

子どもの成長が遅い

# 人は誰でも成長(優越)を求める。その実現には勇気と自信が必要だ。

『人はなぜ神経症になるのか』

## 結果に一喜一憂せずに勇気づけを行う

周りの子どもと比べて、自分の子どもの成長が遅れているように感じ、不安に思う親は少なくありません。しかし、アドラー心理学ではこう考えます。

**「人は誰でも成長（優越）を求める。その実現には勇気と自信が必要だ」**

ここでいう**「勇気」とは、「自分にもできる」と信じる気持ち**を指します。

アドラー心理学で**「優越」とは「成長したい気持ち」**を意味します。成長の道のりは長く、時には失敗もあります。その過程で「なぜできないの？」と叱ったり、兄弟や友達と結果だけを比べたりすると、子どもの「勇気」をくじいてしまいます。

一方、**努力の過程や小さな進歩に目を向けて「よくがんばっているね」「続けているのがいいね」と声をかけることは、「勇気づけ」につながります。**アドラー心理学の「勇気づけ」は、挑戦を後押しし、自信を育む大切な手法です。

アドラーは**「優越の目標は他者や社会に役立つときに有益になる」**と説いています。

人と比べて勝ち負けを意識するのではなく、「昨日の自分より少しでも前進できたか」を基準に、子どもが自分の成長に目を向けられるよう支えましょう。

親は結果に一喜一憂せず、努力や挑戦を見守り、子どもが「自分はできる」と信じられる環境をつくりましょう。

子どもが不登校

# 学校はルールで子どもを縛る場ではない。子どもの問題に寄り添い、理解することが大切だ。

『個人心理学講義』

## まずは子どもの気持ちに共感する

子どもが学校に行かず、不登校が続くと、将来を不安に思う親は多いものです。かつて「登校拒否」と呼ばれていた不登校は、深刻な問題として捉えられ、親や教師が無理に解決を目指すことが主流でした。

しかし今では、学校に行かない期間にも子どもが学べる機会を保障し、フリースクールなどを通じて社会的自立を支援する動きが広がっています。

アドラーは**「学校はルールで子どもを縛る場ではない。子どもの問題に寄り添い、理解することが大切だ」**と語っています。

過去に不登校でも、社会で活躍し、幸せな人生を歩んでいる人はたくさんいます。

一方で、きちんと学校に通って大学を出ても、幸せになれるとは限りません。**大切なのは、子どもの選択を尊重し、未来への可能性を信じることです。**

子どもが「学校に行きたくない」と言ったとき、親として不安になるのは自然です。

しかし、その不安を子どもにぶつけるのではなく、**まずは子どもの気持ちに共感し、「そのままで大丈夫」と伝えましょう。**

**子どもが自分を受け入れてもらえたと感じると、自然と前向きな気持ちが芽生えます。**親がレールを敷く時代ではなくなりました。子どもが自分らしい人生を切り拓くための応援団長となり、子どもに寄り添って、その歩みを支えましょう。

子どもが引きこもりになった

# 家庭と学校が目指すのは、子どもに仲間意識と平等の心を育むことだ。

『人生の意味の心理学』

## 子どもの自発的な行動をサポートする

子どもが引きこもりになり、親が悩むケースは少なくありません。「8050問題」や「9060問題」のように、引きこもりが長期化し、高齢の親が中高年の子どもを支える状況が社会問題になっています。

アドラーは**「家庭と学校が目指すのは、子どもに仲間意識と平等の心を育むことだ」**と語っています。

子どもが「自分は家族や社会の大切な一員だ」と感じられる環境づくりが、引きこもり克服の鍵です。

この感覚は**「共同体感覚」と呼ばれ、他者とのつながりを通じて自己の価値を実感する力**を指します。

また、**「勇気づけ」**というアドラー心理学の考え方も有効です。

子どもが**「自分にもできることがある」「少しずつ進める」と実感し、自発的に行動を起こせるよう後押し**します。

例えば、掃除用具を渡し「これで部屋を整えてみよう」と促したり、家族の外出時間を伝えて「この時間にお風呂を使ってみるのはどう?」と提案したりするなど、小さな成功体験を支援します。

親も共同体感覚を発揮し、子どもを管理するのではなく、自立を信じて丁寧に支えることが重要です。

子どもが自分の力で一歩踏み出せるよう、粘り強くサポートしましょう。

Adler's Keywords 03

# 「共同体感覚」で居場所を確認

## 「共同体感覚」で自分の居場所をつくる

アドラー心理学で重要視される**「共同体感覚」とは、自分が家族や職場、地域などの共同体の一員であると実感する感覚**のことです。

共同体感覚があると、心が安定し、前向きな気持ちで生きられるようになります。ただどこかに属しているだけではなく、**「ここが自分の居場所だ」**と思えることが大切です。

例えば、職場で「自分の意見が尊重されている」と感じたり、家庭で「自分の存在が必要とされている」と思えたりすると、共同体感覚が育まれます。

アドラー心理学では、この感覚を精神的な健康のバロメーターとし、教育やカウンセリングの場でも重視しています。

共同体感覚を持つ人にはいくつかの特長があります。**仲間に興味を持ち、信頼し合い、積極的に貢献**しようとする姿勢です。

また、**自分の長所や短所を受け入れる「自己受容」**の力も高いといえます。

この感覚が発揮される場面では、**多様性が大きな力**になります。

例えば、桃太郎の物語がその好例です。情報収集が得意なキジ、知恵を絞るサル、実行力のあるイヌ。それぞれの個性を活かしながら、共通の目標である鬼退治を達成しました。

共同体感覚によって同じタイプばかりではなく、多様な能力を持つメンバーがいることで、チームが強くなるのです。

一方で、落ち込んでいるときには、「自分なんて……」と周りをシャットアウトしてしまいがちです。

しかし、その感覚は一時的なもので、共同体感覚でつながりを意識することが大切です。**周囲との信頼関係を少しずつ築き直すことで、自分の存在に自信を取り戻せます。**

共同体感覚は、**人間関係を円滑にし、人生を豊かにしてくれる大切な考え方**です。この感覚を育てることで、自分も周囲も元気になれる世界をつくれるのではないでしょうか。

## 「共同体感覚」を高める5つの習慣

### ❶仲間の関心事に興味を持つ

仲間の話に耳を傾け、関心を示すことで、信頼関係が深まり、より良い関係が築ける。

### ❷所属意識を持つ

自分がグループの一員だと自覚し、役割を果たすことで、安心感と責任感が生まれる。

### ❸積極的に貢献し、協力する

仲間のために自分ができることを考え、行動する。互いの協力が信頼とチームワークを強める。

### ❹尊敬と信頼を築く

相手の意見を尊重し、誠実に接することで、互いに安心して頼り合える関係を築ける。

### ❺多様性を尊重する

価値観や考えの違いを受け入れ、互いの強みを活かすことで、より良いチームが生まれる。

これら5つの習慣を心がけることで「共同体感覚」が深まり、信頼と協力に基づく良好な人間関係を築けるようになる。

# 第4章

# 恋愛・結婚

## 恋愛と結婚は二人でつくる幸せの形

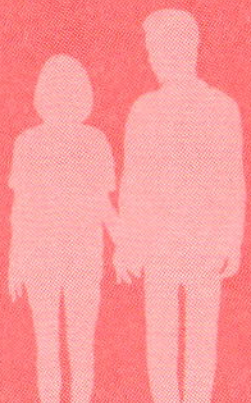

恋人が欲しい

人間にとって大切なのは、「何を与えられて生まれたか」ではなく、「与えられたものをどう生かすか」だ。

『人はなぜ神経症になるのか』

## 他者との関係を築く行動を積み重ねる

「恋人が欲しい」「結婚したい」と思うのに、なかなか実現せず悩むことは珍しくありません。

「容姿や性格が悪いから」「収入や地位が低いから」と自分を否定してしまうと、ますます出会いのチャンスが遠ざかってしまいます。そんなとき、アドラーの言葉を思い出してください。

**「人間にとって大切なのは、『何を与えられて生まれたか』ではなく、『与えられたものをどう生かすか』だ」**

アドラー心理学の「自己決定論」という考え方は、**人間には過去や環境に縛られず、自分の意志で未来を切り拓く力がある**と説いています。**生まれ持った条件を嘆くのではなく、それを使って何をするかが重要な**のです。

例えば、「出会いがない」と感じるなら、新しい趣味の場に参加する、オンラインで交流を広げるなど、新たな行動を起こしてみましょう。また、自分を磨く努力も大切です。「新しい習い事を始める」「健康的な生活を心がける」といった行動が、自信と魅力を高めてくれます。

**恋愛は他者との関係を築く行動の積み重ねです。**自分を磨きつつ、小さな行動を重ねることで、自然と新しい出会いが生まれます。そして、その行動自体があなたの人生を前向きに変えていくはずです。

恋愛経験が少なく自信がない

# 「もし私が……」という言葉は、劣等感を隠すための言い訳にすぎない。

『生きるために大切なこと』

## 過剰な劣等感は人から勇気を奪う

恋愛経験が少ないと、異性と接する際に自信を持てず、不安になるのは自然なことです。ただ、その背景には「もし自分が経験豊富なら、自信を持てるのに」という考えが隠れている場合があります。

アドラーは、**「『もし私が……』という言葉は、劣等感を隠すための言い訳にすぎない」**と語りました。

アドラー心理学では、**劣等感は「自分には足りない部分がある」と感じる自然な感覚**とされています。

しかし、**劣等感が過剰になると「劣等コンプレックス」に発展**します。これに陥ると、**仮定の世界に逃げて行動を避け、現実の課題と向き合う勇気を失ってしまう**のです。

「もし」という言葉に縛られるのではなく、「自信とは、根拠がなくても自分を信じる力」と捉えてみてください。

実績がなくても、まずは「うまくいくかもしれない」と可能性を信じる練習を始めることが大切です。

例えば、異性との会話で小さな成功体験を積み重ねることから始めましょう。

完璧な結果を求める必要はありません。**ほんの少しの勇気を出して行動してみれば、「意外と大丈夫だった」という感覚が自信につながります。**

自信は経験の結果だけでなく、行動そのものからも生まれるのです。

愛されているかどうか不安

# 結婚とは二人で育む共同作業。お互いが理解し、思いやることで愛が深まる。

『生きるために大切なこと』

## 恋愛や結婚は協力して愛を育む関係

恋愛や結婚に不安を感じるのは、誰にでもあることです。「相手が本当に愛してくれているのか」「愛情が足りなく感じる」と悩むのは自然な感情です。

しかし、アドラー心理学では、こうした悩みの背後に「自分中心の考え方」が隠れている場合があると指摘します。

アドラーは**「結婚とは二人で育む共同作業。お互いが理解し、思いやることで愛が深まる」**と語っています。

恋愛や結婚とは、一方的な努力や犠牲ではなく、二人で協力し、成長していく関係です。アドラー心理学の**「共同体感覚」**は、このケースでは**「相手のことを自分と同じくらい大切にする力」**を意味します。

例えば、「こんなに尽くしているのに相手が応えてくれない」という不満はよくある悩みです。

しかし、相手を変えようとしたり、愛情を計ったりすると関係が疲弊してしまいます。まずは、**相手ではなく、自分ができることに意識を向ける**ことです。

実践例として、日常の中で感謝を伝えることを意識してみましょう。「ありがとう」の一言が、二人の関係を驚くほどなごやかにしてくれることがあります。

人間とは不完全な存在です。不完全な自分と相手を受け入れ、失敗を許し合いながら少しずつ絆を深めていきましょう。

相手の浮気が発覚した

# 無力感にとらわれたときこそ、勇気を取り戻そう。

『人生の意味の心理学』

## 浮気のショックから自分を取り戻す

恋人や結婚相手の浮気が発覚し、別れるべきか、許すべきか悩む声はよく聞きます。

信頼していた相手に裏切られて、心が揺れるのも当然です。「自分に問題がある?」「自分に魅力がない?」と責める人もいますが、浮気は相手の問題であり、あなたの価値がそれで揺らぐことはありません。

まずは**自分を取り戻し、心のバランスを整える**ことが大切です。

アドラーは**「無力感にとらわれたときこそ、勇気を取り戻そう」**と語りました。

この**「勇気」とは、「自分には価値がある」と認めること**です。

浮気のショックでくじかれた気持ちを整理するには、信頼できる友人や家族に気持ちを打ち明けてみましょう。他者の共感を通じて心が軽くなります。

また、好きな音楽を聴く、おいしいものを食べる、欲しかったものを買うなど、手軽な行動で自分をいたわりましょう。

その上で、相手との関係をどうするかを考えるときは、冷静な話し合いを心がけましょう。**「なぜ浮気をしたのか」ではなく、「これから二人でどうしたいのか」を話し合いの中心にする**ことがポイントです。

最終的に重要なのは、**あなた自身が前向きに幸せへ進むこと。**浮気に振り回されずに勇気を持って、自分らしい人生を描く一歩を踏み出してください。

別れるべきか迷っている

# 夫婦や恋人に必要なのは、服従ではなく、対等な関係だ。

『人間知の心理学』

## 夫婦や恋人は対等なパートナー関係

「別れるべきか、別れないべきか」

夫婦や恋人との関係に迷うときは誰にでもあります。

アドラーは、**「夫婦や恋人に必要なのは、服従ではなく、対等な関係だ」**と述べています。

**夫婦や恋人の関係において、お互いを上下で捉えるのではなく、対等なパートナーとして向き合うことが基本**です。

もしも相手との関係で「対等さ」が欠けていると感じるなら、こうありたいという理想と現実のギャップを明確にしましょう。

具体的には、率直に気持ちを話し合うことが大切です。不満や期待、今後のことを冷静に伝えてみてください。

相手の話に耳を傾けつつ、自分の思いも素直に伝える勇気を持ちましょう。この対話で、新しい関係の形が見えることもあります。

もしも**相手が対等な関係を築こうとしない場合、自分の幸せを優先する選択も必要**です。

結婚や恋愛は**「お互いの幸せを育むもの」**であるべき。自分を犠牲にしていては、未来の可能性が狭まってしまいます。

最後に、「どうするべきか」だけでなく、「自分はどうありたいか」を考えてみてください。自分らしさを大切にする選択こそ、きっと最良の答えになります。

失恋で心が傷ついている

# 事実そのものには意味はない。私たちが事実に意味を与えるのだ。

『人生の意味の心理学』

## 失恋という事実に与えた意味を考える

失恋や破局は誰にとっても辛いものです。愛する人を失った喪失感や別れの悲しみに襲われるのは自然なこと。無理に気持ちを抑え込まず、心が癒える時間をしっかり取ることが大切です。

アドラーは**「認知論」**の中で、**「事実そのものには意味はない。私たちが事実に意味を与えるのだ」**と説いています。

つまり、失恋という出来事そのものが感情を生むのではなく、自分がその出来事にどんな意味を与えたかが、心を動かしているのです。

また、**「目的論」では、感情や行動には必ず「目的」があると考えます。**

例えば、傷ついた気持ちを理由に変化を避け、現状に留まることは、自分を守るという無意識の目的が働いている場合があります。

ただ、そのままの状態に甘んじることで安心感を得られる一方、新たな出会いなどの可能性を見失うこともあります。

**変化を受け入れるためには、失恋という事実に自分がどんな意味を与え、それをどう利用しているのかを冷静に見つめ直す必要があります。**

そして、新しい行動を選ぶことで、未来の幸せにつながる扉が開かれるでしょう。

自分の心と向き合い、次に進む勇気を持つことで、新たな可能性が広がります。

親に結婚を急かされる

# 愛を深め、結婚を幸せにする秘訣は、自分よりも相手を思いやることだ。

『人生の意味の心理学』

## 結婚は親ではなく自分の課題

「年齢的にそろそろ結婚したら」と親から結婚を急かされても、その気になれず悩む人は少なくありません。

日本では「晩婚化」が進み、30代での結婚が珍しくなくなりました。それでも、親世代にはかつて「クリスマスケーキ」といわれた「25歳を過ぎると婚期を逃す」というような迷信が残っていますが、今では時代遅れの考え方です。

親が結婚を急かすのは、愛情の裏返しであることも多いですが、その願いは親自身の「課題」であり、あなたが引き受ける必要はありません。

アドラー心理学では、**自分の課題と他者の課題を切り分ける「課題の分離」を重視します。結婚のタイミングや相手を選ぶのは、あなた自身の課題です。**

また、アドラーは**「愛を深め、結婚を幸せにする秘訣は、自分よりも相手を思いやることだ」**と説きました。

**結婚が幸せになるには、双方が対等であり、互いを尊重し合う「共同体感覚」が欠かせません。**このバランスを欠いたまま進めても、幸せにはつながらないでしょう。

**親には「自分で考えて決める」と伝え、自分の人生の舵を握りましょう。**

自分の納得のいく人生を築くことが、最終的に親を安心させる最善の方法になるはずです。

結婚か仕事かで迷う

理想のパートナーとは、友人のように信頼でき、社会に貢献しながら、相手を心から思いやれる人だ。

『生きる意味を求めて』

## 結婚と仕事を両立する方法を模索する

結婚を考える年齢になり焦りがあるが、仕事にも集中したい。

結婚か仕事かで迷うのは、どちらも人生で大切な選択だからこそ起こる悩みです。

アドラー心理学ではこれを「人生の課題（ライフタスク）」と捉え、どちらを優先すべきかではなく、どう向き合い解決するかが重要だと考えます。

アドラーはこう語っています。

**「理想のパートナーとは、友人のように信頼でき、社会に貢献しながら、相手を心から思いやれる人だ」**

**「友人のように信頼でき」とは、恋愛感情にとらわれず、相手を一人の人間として尊重して、異なる価値観を対等に認め合う関係**を意味します。

また、**「社会に貢献しながら」とは、仕事だけでなく、家庭や地域での役割も含まれます。**結婚も仕事も、幸福な人生に欠かせない課題です。

**結婚を考えるパートナーがいる場合、生活と仕事のバランスを話し合うことが鍵です。**家事や育児の分担、自分だけの時間をどう確保するかを具体的に共有することで健全な関係を築けます。

**迷ったときは、どちらかをあきらめるのではなく、どう両立させるかを考えましょう。**パートナーと協力しながら進む姿勢が充実した人生を築きます。

夫婦喧嘩が絶えない

# 結婚とは、一緒に生きる決意をし、お互いの人生を支え合い、豊かにすることだ。

『人はなぜ神経症になるのか』

## 協力する部分と個人の自由を分ける

結婚生活では夫婦喧嘩はつきものです。価値観や生活習慣の違いから衝突が生じることは仕方ありません。

結婚とは、異なる個性や長所を持つ二人が協力して課題に向き合い、支え合いながら豊かな生活を築くパートナーシップです。

アドラーも**「結婚とは、一緒に生きる決意をし、お互いの人生を支え合い、豊かにすることだ」**と述べています。

アドラー心理学の**「共同体感覚」では、夫婦関係も小さな共同体と考えられます。対等な関係を土台にし、協力し合うことで、困難も建設的に乗り越えられるのです。**

ただし、すべてを共有し、完全に一致させる必要はありません。**お互いの違いを尊重することが健全な関係を築く鍵**です。

まずは、譲れる部分と譲れない部分を丁寧に話し合うことから始めましょう。

例えば金銭感覚の違いがストレスの原因なら、共同生活費は共有口座に振り込み、それ以外は自由に使うルールを設定するのも一案です。

また、生活習慣が異なる場合、必要な時間や関わり方を話し合い、お互いの自由時間に干渉しないようにすると、ストレスを軽減できます。

**夫婦として協力すべき部分と個人の自由を尊重する部分を明確に分け、**バランスの取れた関係を目指しましょう。

結婚生活がマンネリ

# 愛の課題は、人を思いやる心と、社会への貢献で解決される。

『生きる意味を求めて』

## 感謝とねぎらいが夫婦関係を温める

結婚前は楽しかったのに、今は仕事や家事、育児に追われ、関係がマンネリ化していると悩む夫婦は少なくありません。

恋愛初期の新鮮さは、性ホルモンの分泌による「魔法期間」の影響が大きいといわれています。

しかし、性ホルモンの分泌が減り、魔法の効果が薄れたあとが、本当のパートナーシップの始まりです。

アドラーは愛についてこう語ります。

**「愛の課題は、人を思いやる心と、社会への貢献で解決される」**

結婚はただのロマンティックな関係ではなく、協調と信頼に基づく共同作業です。

**結婚生活をより良くするためには、お互いの不完全さを許し、受け入れることが必要**です。これは**「共同体感覚」**、つまり**相手と支え合い、貢献し合う意識**の中で実現されます。

忙しい日々でも、小さな**「感謝」と「ねぎらい」を意識**してみてください。例えば「ありがとう」と声をかける、好きな飲み物を用意する、一緒に過ごす時間をつくるなどの行動が、関係を温め直します。

結婚生活は日常の積み重ねです。

その日常に幸福を見出すには、「愛」という協調を選び続ける決意が必要です。

何気ない行動から、関係を少しずつ改善していきましょう。

自分ばかり我慢している

恋愛と結婚には、社会生活以上に深い共感力が必要だ。相手を思いやる心が幸福を支える。

『生きるために大切なこと』

## 我慢だけに頼らず協調を目指す

「夫（妻）が身勝手な行動をしても、喧嘩を避けるために自分ばかり我慢している」という悩みをよく耳にします。

このような状況では、怒りがたまり、爆発してしまうことがあります。しかし、それでは根本的な解決にはつながりません。

アドラーは**「恋愛と結婚には、社会生活以上に深い共感力が必要だ。相手を思いやる心が幸福を支える」**と語っています。

**恋人や夫婦のような親密な関係では、仕事や友人関係以上に相手の立場を理解し、尊重する努力が欠かせません。**

この共感力は、相手を思いやるだけでなく、自分の気持ちも大切にするために必要な力です。

アドラー心理学では、問題を避けたり感情を爆発させたりする行動は、「課題に向き合う勇気の欠如」とされています。建設的に問題を解決するには、自分の感情を冷静に整理し、「私はこう感じている」と自分を主語にして伝えることが効果的です。

例えば、「あなたが約束を守らないと私は悲しい」と具体的に伝えれば、相手も受け入れやすくなります。

**恋愛や結婚では対立ではなく協調が大切です。お互いの個性を尊重し合い、二人で幸せに向かって歩むことで、関係はより深まります。**我慢だけに頼らず、共に前向きな関係を築いていきましょう。

夫が家事や育児をしない

# 一人の幸せより、二人の幸せを大切にしたとき、本当のパートナーシップが生まれる。

『人生の意味の心理学』

## 負担を可視化して夫婦で助け合う

共働きなのに夫が家事や育児をほとんどしない。こんな相談は今も後を絶ちません。「妻の負担が大きく、そのせいで夫婦関係が悪化している」といった切実な声が多くあります。

現在の日本では、夫婦世帯の約7割が共働きです。しかし、多くの夫婦が子どもだったころは、家事や育児は「母親の役目」、仕事は「父親の役目」という性別役割が当たり前とされていました。

その名残として、現代の夫婦関係にも、こうした固定観念が根強く残っている場合があります。

アドラーはこう語っています。

**「一人の幸せより、二人の幸せを大切にしたとき、本当のパートナーシップが生まれる」**

一方が負担を背負い込むのではなく、お互いが協力するからこそ、家庭の幸福が築かれます。

解決策として、まず**家事や育児の現状を整理し、負担を可視化**してみてください。その上で、夫婦で**「どうすればお互いが楽になるか」を話し合う**ことが大切です。

すべてを分担する必要はありません。完璧を求めずに**「できる範囲で助け合う」**精神を意識しましょう。

このような小さな協力の積み重ねが、家庭全体の幸福感を高めていきます。

離婚すべきか悩んでいる

# 愛と結婚の問題は、二人の関係が対等なときにだけ、解決できる。

『個人心理学講義』

## 夫婦の対等な関係には変化も必要

現在、日本では3組に1組が離婚しているといわれています。結婚生活が長くなるほど、最初は噛み合っていた歯車が徐々にずれてしまうことは珍しくありません。

仕事、子育て、親の介護、健康問題など、人生の変化に伴い、夫婦関係にも柔軟さが求められます。

しかし、それに適応できず離婚が現実味を帯びてくることもあるでしょう。

アドラーは、**「愛と結婚の問題は、二人の関係が対等なときにだけ、解決できる」**と語りました。

アドラー心理学の**「共同体感覚」**では、**夫婦を一つの小さな共同体と見立て、互いに支え合い、協力する姿勢**を指します。

**夫婦が対等な関係を保つには、役割や負担を状況に応じて見直すことが大切**です。変化を拒むと関係がぎくしゃくして、問題の解決は難しくなります。

離婚を決めるには、経済的な不安や子どもへの影響なども考慮が必要です。

ただし、急ぐ必要はありません。信頼できる友人や専門家の意見を取り入れることで、狭くなりがちな視野を広げましょう。

それは誰かに従うためではなく、自分に合った選択肢を見つけるためです。

最終的な決断は、自分の未来をどうつくりたいかにかかっています。焦らず、少しずつ道を切り拓いていきましょう。

Adler's Keywords 04

# 自己決定論

## 「自己決定論」で自分の運命を切り拓く

アドラー心理学の**「自己決定論」**は、**「人生の主人公は自分自身」**という考え方です。**環境や過去が人生に影響を与えても、それがすべてを決めるわけではありません。どう行動するかを決定するのは自分です。**

例えば、「厳しい上司のせいで仕事がうまくいかない」と考えるのは環境のせいにする見方です。

しかし、自己決定論では、「改善の努力をしていない」「転職を選んでいない」といった自分の選択が現状を生んでいると考えます。この視点を持つと、環境や過去を言い訳にせず行動する力が湧くようになります。

アドラーは**「人は、自分の人生を描く画家だ」**と語りました。**自分の選択次第で未来は変えられる。**この考え方は、前向きに進む勇気を与えてくれます。

Adler's Keywords 05

# 目的論

**過去の「原因論」ではなく、未来の「目的論」を重視する**

**「目的論」は、人の行動にはその人自身の意図を伴った目的がある**という考え方です。一方、「原因論」は過去に焦点を当て、「なぜこうなった？」と原因を探します。**原因論は後悔や責任の押し付けにつながりやすいですが、目的論は「どうすれば解決できる？」と未来志向の視点を提供**します。

例えば、「友人との関係がぎくしゃくしている」という状況を原因論で考えると、「友人が冷たくなったせいだ」と責めて終わるかもしれません。しかし、目的論では「関係を良くするにはどうするか？」と具体的な行動（感謝を伝える、話す時間をつくるなど）に目を向けられます。

アドラーは**「人の行動には意思を持った目的がある」**と語りました。**過去ではなく未来を見て、「何ができるか」を考える**ことで新たな道が開けるのです。

Adler's Keywords 06

# 全体論

**「全体論」の視点で自分の行動を見直す**

**「全体論」**は、**「人の心に矛盾はない」「心と体、理性と感情はすべてつながったーつのもの」**という考え方です。

例えば、「仕事が多すぎて残業をやめられない」と感じるのは、実は「やめられない」のではなく、「やめない」と自分で選んでいるのかもしれません。

全体論では、**心と体のバランスを大切にします。**疲れているときに「やらなきゃ」という思い込みが優先されると、体が求める休息が無視されがちです。このような心と体の矛盾に気づけば、「効率を上げるために休む」や「同僚に助けを求める」などの選択肢が見えてきます。

全体論の視点を持つことで、自分の行動を主体的に見直せます。**心と体のつながりを理解すれば、自分に合った無理のない選択ができる**のです。

# 第5章

# 友人・知人

## 友情の鍵は自然体で対等な関係

友人と喧嘩した

# 課題から逃げるか、向き合うか。それが未来を決める。

『生きる意味を求めて』

## 関係修復に向き合う勇気が大切

友人との喧嘩や関係の悪化に悩むのは、誰にでも起こりうることです。

小さな誤解やすれ違いが深い溝を生むこともあります。ただし、関係を完全に断絶していない場合は、修復したい気持ちが残っている証拠です。

**友情に勝ち負けはありません。**先に謝ることや仲直りの意思を伝えるのは、負けではなく、関係を大切にする強さの表れです。「あのときはごめんね。もう一度話したい」と素直に伝えるだけで、相手が心を開くきっかけになるかもしれません。

アドラー心理学では、人生には**「仕事」「交友」「恋愛・結婚」**という**「三大課題」**があると考えます。

交友の課題では、**他者と対等な関係を築き、調和を保つ力が求められます。**これは愛や仕事にも共通する、成長の土台です。

アドラーは**「課題から逃げるか、向き合うか。それが未来を決める」**と語りました。この状況でも、**言い訳を探すのではなく、問題に向き合うことが必要**です。

修復を提案することはあなたの課題ですが、それにどう応じるかは相手の課題です。結果をコントロールできない以上、できることに集中しましょう。

修復に向けた一歩を踏み出すことが、友情を取り戻し、関係を再び深める道へとつながるはずです。

友人の成功に焦りを感じる

# 不足感や劣等感は、満足を目指す原動力となる。

『人間知の心理学』

## 焦りをポジティブなエネルギーに変える

友人の成功を見るたびに焦りやプレッシャーを感じるのは、劣等感や不足感が刺激されるからです。「自分は劣っている」とつい感じてしまうのも自然な反応です。

しかし、アドラーは**「不足感や劣等感は、満足を目指す原動力となる」**と述べ、それらの感情を**成長へのエネルギーに変えるべきだ**と説いています。

**焦りを無理に否定する必要はありません。それを「自分が前に進むきっかけ」と捉える視点が大切です。**

友人の成功が「大企業への就職」や「昇進」「高収入」といった世間的に高く評価される成果であった場合、うらやましく感じることもあるでしょう。

しかし、それは友人にとっての成功であり、あなた自身にとっての成功とは限りません。例えば、「趣味を楽しむ時間を大切にする」や「家族と穏やかな日々を過ごす」ことも、立派な成功の形です。

大事なのは、**他人と比べるのではなく、自分が何を大切にしたいのかを明確にすることです。**その価値観を基準にして、小さな一歩を踏み出してみてください。

他人の成功に振り回されるのではなく、**自分が望む成功に向かって歩む中で、焦りはポジティブなエネルギーに変わります。**少し肩の力を抜いて、自分らしい道を進んでみましょう。

落ち込む友人を慰めたい

# 共感とは、相手の気持ちを自分の気持ちのように感じる力だ。

『人間知の心理学』

## 感情に寄り添い、共感を伝える

落ち込んでいる友人への接し方に悩むのは誰にでもあることです。

例えば、大切な人との別れや仕事の失敗で友人が深く落ち込んでいるとき、どんな言葉をかければいいのか迷うこともあるでしょう。

アドラーは**「共感とは、相手の気持ちを自分の気持ちのように感じる力だ」**と語っています。

**「共感」は、相手の感情に寄り添いながら、対等な立場で理解しようとする態度です。**

一方、「同情」は相手をあわれみ、弱い存在とみなすことで、結果的に相手をさらに落ち込ませ、立ち直る力を失わせることがあります。

友人を「かわいそう」と見るのではなく、「きっと自分で乗り越えられる」と信じて接することが大切です。

まずは**友人の感情に寄り添い、共感を伝える言葉をかけましょう。**「本当につらいね。それだけ大切なことだったんだね」と伝えるだけでも、安心感を与えられるはずです。

その上で、「無理に話さなくても大丈夫。もし力になれることがあれば、遠慮なく教えてね」と添えると良いでしょう。

大切なのは、相手の気持ちを尊重しつつ、「あなたの気持ちを理解したい」と示すことです。この姿勢が、友人に立ち直るための勇気を与える支えになるでしょう。

友人関係に疲れた

# どんな顔を持つ人も、誰もが対等である。

『性格の心理学』

## 友人関係は対等で自然体が大切

話が合わない、価値観が違う、付き合うと疲れてしまう。気の合わない友人との関係に悩むのは自然なことです。

このまま関係を続けるべきか、それとも距離を取るべきか迷ったとき、アドラー心理学がヒントをくれます。

アドラーは**「どんな顔を持つ人も、誰もが対等である」**と語りました。

この言葉は、**人種や性別、地位、経済力などに関係なく、すべての人は平等である**という普遍的な価値観を強調しています。

大切なのは、**自分も相手も同じように尊重する姿勢です。我慢しすぎる必要も、相手に合わせすぎる必要もありません。**

友人関係において重要なのは、「お互いが無理なく自然体でいられるか」という視点です。

関係を見直す際には、相手の立場に立って話を聞き、誠実に自分の気持ちを伝えてみてください。

それでも苦しさが続くなら、距離を取ることも選択肢の一つです。関係を解消することで、心が軽くなることもあります。

友人関係は、心地良さと誠実さのバランスが大切です。

**自然体でいられるなら続け、苦しいなら距離を取る決断も考えましょう。**自分にも相手にも正直でいることで、友人関係をより健全に築いていけるはずです。

仲間外れにされている

# 人生でつらいとき、自分ばかり不幸だと思い込む人がいる。

『性格の心理学』

## つらいことが起きたら解釈を変える

「友人から仲間外れにされている気がしてつらい」という相談を受けました。

相談者に話をうかがうと、日ごろ「カラオケが苦手」と言っていたため、友人がその集まりに声をかけなかっただけで、他の場では特に仲間外れにされた事実はありませんでした。アドラーはこう語ります。

**「人生でつらいとき、自分ばかり不幸だと思い込む人がいる」**

これはアドラー心理学の**「認知論」**に基づく考え方です。

認知論とは、**私たちが物事をどう捉え、解釈するかによって現実が変わるという考え方です。**見方や解釈の仕方が、感情や行動に大きく影響します。

友人が集まりに誘わなかったのは、仲間外れではなく、あなたに気遣ってのことかもしれません。何かつらいことが起きて「いつも」「自分だけ」と感じたときには、次のように自問してみましょう。

「本当に自分だけなのか？」

「誰にでも起こることでは？」

**物事の解釈を少し変えるだけで、不安やつらさはやわらぎます。**認知の癖に気づき、柔軟に考える習慣を身につけると、人間関係で前向きな行動が取れるようになります。

いつもの視点を変えてみることで、心に余裕が生まれ、より穏やかで幸福な日々を過ごせるようになるはずです。

地元の先輩との関係に悩む

# 困難に立ち向かう人は、自信と勇気を力に変え、解決策を見つけ出す。

『生きるために大切なこと』

## 対等でない上下関係がストレスを生む

地元の先輩との関係に悩む人は多いものです。「今でも先輩ぶる」「威圧的で断りづらい」といった状況は、学生時代や地元特有の上下関係に根ざし、長年の習慣が絡むため、簡単には解消できません。

地元で暮らしていれば、「付き合いが面倒だけど、断るのも気まずい」と感じるその気持ちはよく理解できます。

アドラーは**「困難に立ち向かう人は、自信と勇気を力に変え、解決策を見つけ出す」**と語っています。

上下関係がストレスになっているなら、まずは勇気を出して段階的に距離を取ることを検討してみてください。「最近少し忙しくて、時間がなくて」などと穏やかに伝えることで、関係を見直すきっかけをつくるのも一つの方法です。

**固定された上下関係は、対等なつながりで成り立つ共同体感覚を妨げることがあります。他者と支え合い、成長できる関係こそが、あなたの幸福感を引き出します。**

新しい趣味や活動に挑戦し、自分に合った居心地の良いコミュニティを探してみてください。

どんな関係を選ぶかはあなた次第です。少しずつ変化を重ねる中で、新しい居場所が見つかるはずです。あなたにとって心地良い環境を大切にして、ストレスの少ないつながりを築いていきましょう。

ママ友・パパ友と仲良くなれない

# 仲間への思いやりが、自分を育てる。

『人生の意味の心理学』

## 自分にできることを意識して行動する

ママ友・パパ友とは、子どもの学校や地域活動を通じて知り合った保護者同士の関係を指します。

気が合うかどうかに関係なく関わりが生まれるため、会話が続かず、気疲れしたりして、孤立感を覚えることもあります。

アドラー心理学の**「認知論」**では、**出来事そのものよりも、それをどう解釈するかが重要**だと考えます。

孤立感の原因は、相手との関係そのものではなく、自分が状況をどう受け止めているかにある場合があります。

例えば、他の保護者が楽しそうに話しているのを見て「自分だけが孤立している」と感じても、実際には話す機会がなかっただけかもしれません。このような**思い込みが孤立感を強めることもあります。**

アドラーは**「仲間への思いやりが、自分を育てる」**と述べました。他者に関心を向け、貢献することで、視野が広がり、自己肯定感や人間関係を築く力が育まれます。

例えば、笑顔で挨拶をする、保護者会で小さな提案をするなど、日常的な行動を通じて「自分も役立てる」と感じる機会が増えれば、自然とつながりが生まれます。

**「どう思われるか」ではなく、「自分が何をできるか」を意識して行動してみましょう。**その一歩が、孤立感をやわらげ、前向きな変化をもたらします。

Adler's Keywords 07

# 認知論

## 「認知論」で自分の見方を問い直す

アドラー心理学の**「認知論」は、人は自分特有の「見方」を通して物事を捉えるという考え方**です。この見方は、過去の経験や価値観によって形作られます。同じ出来事でも、「楽しい」と感じる人もいれば、「退屈だ」と感じる人がいるのは視点の違いによるものです。

例えば、「上司は私ばかり叱る」と感じても、それは**事実ではなく、主観的な解釈**かもしれません。上司の発言に「期待」や「改善への助言」が含まれている場合、それを見落としている可能性もあります。

**認知論では、自分の見方が歪んでいないか意識し、相手の視点を理解することが大切**です。「これは事実？　それとも思い込み？」と問い直すことで、誤解を減らし、より良いコミュニケーションを築けるのです。

Adler's Keywords 08

# 対人関係論

**「対人関係論」で相手の行動を理解する**

**「対人関係論」は、人間の行動が相手との関係性の中で成り立つと考えます。**すべての行動には相手役が存在し、その行動はお互いに影響し合っています。

例えば、上司が部下に厳しい態度を取る場合、その対人関係での行動パターンを観察してみましょう。厳しい指示が多くても、部下の成長を見守る発言があれば、「部下の育成を意図している」と理解できます。このように**相手の対人関係での行動に注目すれば、本音や目的をより正確に把握できます。**

さらに、**「対等の関係」を意識することも重要**です。たとえ上下関係がある職場でも、相手の意見を尊重し、謙虚な態度で接することで信頼が生まれます。こうした対等な関係性が、建設的なコミュニケーションと相互理解を促進するのです。

Adler's Keywords 09

# 課題の分離

**「課題の分離」で人間関係の悩みを軽くする**

**「課題の分離」は、人間関係の悩みを軽くする考え方**です。悩み事があるとき、**誰の課題なのかを明確にすることで、自分の負担を軽くできます。**その際、自分の課題に集中し、他人の課題に踏み込みすぎないことが大切です。

例えば、親が子どもに「部屋を片付けて」と伝えた場合、片付けるかどうかは「子どもの課題」です。一方、子どもが片付けないことに対し、親がイライラするかどうかは、親自身の受け止め方の問題であり、「親の課題」となります。

ここで**「共同の課題」**が役立ちます。「どうすれば片付けやすい?」と問いかけ、子どもの意見を聞くことで、良好な関係を保ちながら解決できます。この方法は、親子だけでなく、職場や友人にも応用できます。**「課題の分離」で役割を整理し、「共同の課題」で協力する**ことで、より良い人間関係を築けるでしょう。

# 第6章

# 世間・社会

## 人とのつながりが人生を豊かにする

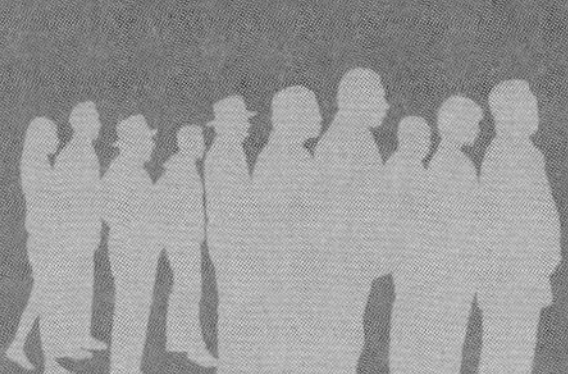

一人暮らしで孤独を感じる

# 人とつながる力となる共同体感覚は、意識して育てるものだ。

『人はなぜ神経症になるのか』

## 挨拶など簡単な行動から始める

進学や就職で知らない街に引っ越して一人暮らしを始めると、周りに知り合いがおらず、孤独を感じるのは自然なことです。新しい環境になじむのは簡単ではありませんが、小さな行動から始めてみましょう。

アドラーは、**「人とつながる力となる共同体感覚は、意識して育てるものだ」**と語りました。

**共同体感覚は生まれつき備わるものではなく、人と関わりながら育む力です。共感や協力を意識し、小さな貢献をすることで孤独感はやわらぎ、つながりが広がります。**

まず、「どんな人とどんな関係を築きたいか」を考えてみてください。

「気軽に挨拶できる顔なじみをつくりたい」など具体的な目標を持つことで、日々の行動が明確になります。近所で挨拶を交わす、地元のイベントに参加するなど、簡単な行動がつながりの第一歩です。

**孤独とは、新たな出会いや人間関係を築くチャンス**でもあります。

例えば、これまで関わりがなかった趣味の仲間や、地域の人々とつながることで視野が広がるかもしれません。

大切なのは、自分に合ったペースで行動を始めること。気負わず、少し楽しめそうなことから挑戦してみましょう。

その一歩が、孤独を埋めるだけでなく、新しいつながりを育む種になります。

周囲の目が気になる

# 劣等感を克服するには、社会で生きるための教育やトレーニングが必要だ。

『生きるために大切なこと』

## 過剰に周囲を気にせずに自分らしく行動

公共の場で周囲の目を気にしすぎて疲れてしまう人がいます。

例えば、電車での座り方やレストランでの振る舞いを「迷惑をかけていないか」と考えすぎると、大きなストレスになります。

アドラーは**「劣等感を克服するには、社会で生きるための教育やトレーニングが必要だ」**と語っています。

これは、**自分の弱点や理想との差を認め、それを埋めるために少しずつ行動を積み重ねることが重要**だということです。

周囲の目が気になるとき、**「理想の振る舞い」を意識しすぎて動けなくなるより、自分ができることから始めるのが大切です**。

実践例を挙げれば、電車で少し座席を詰める、店員に「ありがとう」と伝えるなど、ささやかな行動でも社会に役立つ感覚が得られます。こうした行動は周囲への良い影響を生み、自分の不安をやわらげます。

また、**「他人は本当に自分を気にしているのか?」**と問いかけてみることも有効です。多くの場合、他人は自分のことで精一杯で、あなたの行動にはそれほど注目していません。

過剰に周囲の目を気にするのではなく、「社会でどう役立つか」を考え、自分の信念に基づいて行動しましょう。

それが公共の場で穏やかに過ごすためのステップになります。

偏見や差別がつらい

# 劣等感の裏返しの優越感は、ただの虚栄心にすぎない。空っぽの人生で得られるのは、偽りの満足と成功だけだ。

『生きるために大切なこと』

## 劣等感の裏返しの偏見や差別は無視

出身や性別、人種などを理由に偏見や差別を受けるのはつらいものです。理不尽な言葉や態度に傷つき、心が揺れることもあるでしょう。しかし、心ない人の言動が、あなたの価値を決めるものではありません。

アドラー心理学では、偏見や差別の背後には**「劣等感」**があると考えます。本来、劣等感は成長の原動力になりますが、克服できないと**「優越コンプレックス」として現れます。これは、不安や弱さを隠すために他者を見下し、自分を優位に見せようとする行動です。**

例えば、「あの人は○○だから自分の方が優れている」と決めつける人がその典型です。アドラーはこう語っています。

**「劣等感の裏返しの優越感は、ただの虚栄心にすぎない。空っぽの人生で得られるのは、偽りの満足と成功だけだ」**

相手の偏見や差別に振り回されず、まずは「気にしない」を意識してください。**あなた自身の価値は、他人の評価ではなく、自分が決めるものです。**

また、自分が安心できる居場所をつくることも大切です。友人や家族に相談したり、同じ経験をした人たちと交流したりすることで、孤立感がやわらぎます。

無理をせず、小さな一歩から始めてください。**心の平穏を取り戻すことが、偏見や差別に立ち向かう力につながります。**

マナーの悪い人に怒りを覚える

# 意識と無意識に境界線はない。どちらも一つの目標に向かう力だ。

『個人心理学講義』

## 自分が理想とするマナーを率先して示す

電車内の大声の会話や、ごみのポイ捨てなど、公共の場でマナーを守らない人を見て怒りを覚えるのは、多くの人にとって自然な感情です。

「無意識のうちに怒りがわいた」と感じることもあるでしょう。

しかし、アドラー心理学の**「全体論」**では、**「意識と無意識に境界線はない。どちらも一つの目標に向かう力だ」**としています。

つまり、**人間の意識と無意識、感情や行動は分断されておらず、すべてが同じ目的に向かうのです。**

このケースでいえば、「理想の公共空間を守りたい」という価値観が、怒りや行動を引き起こしています。

ただし、怒りを直接相手にぶつけると、理想が損なわれる場合があります。大声で非難すれば周囲に不快感を与え、問題を悪化させかねません。

そこで、**「自分が理想とするマナーを率先して示す」**ことが大切です。相手に注意する場合も、「申し訳ありませんが、もう少し静かにしていただけませんか」と礼儀を忘れずに伝えましょう。

**怒りを否定せず、それを「理想の社会を築くエネルギー」として活用**しましょう。そうすることで、自分の行動が他者にも良い影響を与え、理想的な公共空間への流れを生むきっかけとなります。

## PTAで意見が対立する

# 人は自分の幸せを追い求める。だが、他者への貢献を忘れたとき、人は過ちをおかす。

『人生の意味の心理学』

## 自分の意見に固執せずに対話を意識

PTA活動で保護者の意見が対立し、居心地の悪さを感じることがあります。

子どもに関することとなると保護者の思いも熱くなり、さまざまな意見が出るのは自然なことです。ただし、対立が続けばストレスが増してしまいます。

アドラーは**「人は自分の幸せを追い求める。だが、他者への貢献を忘れたとき、人は過ちをおかす」**と述べています。**自己中心的になると協力や信頼を失い、良い成果につながらない**という意味です。

このPTAの例でいえば、自分の意見に固執すると関係が悪化し、孤立を招くことになります。

そこで、**意見の食い違いは「より良いアイデアを生む機会」と捉えてみてください。**

対立をやわらげるには、対話を意識しましょう。「その考えも参考になりますね。私にはこんな案もあるのですが、どうでしょうか?」と相手の意見を尊重しつつ、自分の考えを共有してみてください。

また、「子どもたちのために良い方法を見つけたいですね」と**共通の目標を確認するのも効果的**です。

PTAの参加者は同じ目標を共有する仲間です。**対話を重ね、新しい視点を取り入れれば、より良い結果につながります。**

肩の力を抜き、「意見の違いを楽しむ」姿勢が、対立をやわらげる第一歩です。

若者が怖い

# 不安は、孤立を生む感情であると同時に、人との結び付きを求める感情でもある。

『人はなぜ神経症になるのか』

## 不安を行動に変えて偏見を減らす

若者の行動や価値観の変化に不安を感じるのは、自然なことです。ニュースで若者が関与する詐欺や暴力事件が度々報じられると、「今後、社会はどうなってしまうのだろう」と不安が募ることもあるでしょう。

しかし、ニュースだけの情報で「若者全体」に対する否定的な印象を抱いてしまうのは、偏見や誤解を生む可能性があります。

アドラーはこう語っています。

**「不安は、孤立を生む感情であると同時に、人との結び付きを求める感情でもある」**

不安は、私たちを他者から遠ざける一方で、「もっと理解したい」「つながりたい」という気持ちを呼び起こす力もあります。

例えば、**不安な気持ちを誰かに相談することで安心感が得られ、その人との絆が深まることがあります。**

このように、不安は新たなつながりを生むきっかけにもなるのです。

若者に対する不安を軽減するためには、実際に若者と直接つながる機会をつくってみましょう。例えば、地元のボランティア活動やイベントに参加し、顔と名前が一致する関係を築いてみてください。若者の前向きな一面や可能性に気づけるはずです。

**不安を行動に変えれば、偏見や恐れは次第に薄れていきます。**小さな一歩から、若者への新たな視点と安心感を手に入れてみてください。

年配者が自己中心的で困る

# 性格とは、その人が世界にどう向き合い、どう生きるかを表す心の姿勢である。

『人間知の心理学』

## 敬意を示しながら、冷静に距離を保つ

地域や職場で、年配者の自己中心的な言動に戸惑う場面は少なくありません。例えば、「自分の意見を優先しすぎる」「昔の成功体験を繰り返し話す」といった言動が挙げられます。

アドラーは**「性格とは、その人が世界にどう向き合い、どう生きるかを表す心の姿勢である」**と語っています。

年配者の自己中心的な態度には、かつて社会や家庭で重要な役割を果たし、他者から尊敬や評価を受けていた時代の影響が見え隠れします。

役割の変化や体力の衰えとともに、**「自分の価値を認めてほしい」という気持ちが強まり、こうした言動につながっているのかもしれません。**また、高齢になると認知機能や体力の低下により、他者への配慮が難しくなることもあります。

接する際には、**「貴重なご意見をありがとうございます」「参考になります」といった言葉で敬意を示しつつ、相手の気持ちを受け止めてください。**

このように**過剰に反応せず、冷静に距離を保つ**ことも大切です。適切な距離感を意識することで、摩擦を減らし、円滑な関係を築けるでしょう。

私たちもいずれ同じ状況になるかもしれません。相手への理解を深め、前向きな対応を心がけましょう。

ジェネレーションギャップに悩む

# 共同体感覚という理想は、人間にとって「導きの星」だ。その星を追う旅が人生を豊かにする。

『性格の心理学』

## 相手の意見を否定せずに受け入れる

世代間での価値観の違いに悩むことは誰にでもあります。

高齢者や若者とのジェネレーションギャップで、職場や地域で会話が噛み合わず孤立感を覚えることもあるでしょう。「価値観が合わないと話が弾まない」と思い込むと、かえって自分を孤立させてしまいます。

アドラー心理学では**「共同体感覚」**を大切にしています。これは、**異なる価値観を持つ人々とも協調し、自分が社会や他者とつながっていると感じる力**です。

アドラーは**「共同体感覚という理想は、人間にとって『導きの星』だ。その星を追う旅が人生を豊かにする」**と語りました。

理想はたとえ到達できなくても、進むべき道を示す光となります。

この理想を目指せば、価値観の違いを恐れる必要はありません。具体的には、相手の意見を否定せず「そうなんですね」と受け止めることを心がけましょう。

価値観の違いを認めることで、新たな発見や成長の機会が生まれます。

**コミュニケーションは勝ち負けではありません。虚勢を張ったり、マウントを取ったりする必要はないのです。**

他者とつながることで、価値観の違いを乗り越えることができます。導きの星を信じて、一歩ずつ進んでいきましょう。

年金制度や老後の生活が不安

# 共同体感覚は、人間のあらゆる弱さを必ず補う。

『人はなぜ神経症になるのか』

## 現実的な行動が不安を軽くする

年金制度や老後の生活に対する不安は、多くの人が抱える共通の悩みです。

将来の年金がどうなるかわからない不透明さに不安を感じるのは自然なこと。しかし、その不安を一人で抱え込む必要はありません。

アドラーは、**「共同体感覚は、人間のあらゆる弱さを必ず補う」**と語っています。**他者や社会とのつながりである「共同体感覚」を意識すると、不安をやわらげ、安心感を得ることができます。**

家族や友人、地域とのつながりを大切にすれば、「自分だけが悩んでいるわけではない」と感じられるようになるでしょう。

また、未来の年金制度や経済状況といった「自分ではコントロールできない問題」にとらわれるより、「今、自分ができること」に目を向けることが重要です。

例えば、節約や老後資金の計画、健康維持といった**現実的な行動を積み重ねることで、不安は次第に軽くなります。**

さらに、**「貢献感」を意識することも老後の不安をやわらげる方法**です。

地域活動に参加したり、若い世代に経験を伝えたりすることで、「自分は社会の一員として役立っている」と実感できます。

こうした行動は巡り巡って、あなたが困ったときに助けてくれる人とのつながりを引き寄せるでしょう。

社会問題に無力感を覚える

# 私たちは世界の一部であり、世界もまた私たちの中にある。その結び付きが現実を形作る。

『教育困難な子どもたち』

## 小さな行動が未来を変える力になる

社会問題に対して何もできないという無力感。それは、他者や社会に深い関心を持っている証拠です。

環境破壊、いじめ、貧困、格差といった多くの課題に向き合うとき、その大きさに圧倒されるのは自然なことです。

アドラーはこう語っています。

**「私たちは世界の一部であり、世界もまた私たちの中にある。その結び付きが現実を形作る」**

この言葉が示しているのは、**私たちが社会という大きなつながりの中にあり、そのつながりが私たちの行動や現実に影響を与えているということです。**

無力感を感じるのは、「何かを変えたい」という思いの裏返しです。その思いを、小さな行動に変えてみましょう。

例えば、環境問題のためにエコ活動を始めたり、SNSでいじめに対する意見を発信したり、貧困問題に取り組む団体に寄付をしたりするのも立派な一歩です。

また、同じ課題に関心を持つ人々とつながることで、自分の行動が孤立したものではなく、社会に広がる力になっていることを実感できます。

**大きな変化は、小さな一歩から始まります。その一歩がやがて社会に波紋を広げ、未来を変える力になるのです。**無力感を行動に変えてみましょう。

戦争のニュースに心が痛む

# 共同体感覚は、家族から始まり、民族、全人類、そして自然や宇宙までも広がる大きなつながりだ。

『人間知の心理学』

## つながりを感じることで調和が生まれる

戦争のニュースを見るたびに、「なぜ争いが続くのか」と心が痛むことがあります。同じ地球に生きる仲間として、協力して平和を築くことはできないのかと感じる人も多いでしょう。

アドラー心理学は、そんな思いに応える大きな視点を与えてくれます。

アドラーは、**「人は一人では弱い存在であるため、他者とのつながりを必要とする」**と考えました。

そして**「共同体感覚は、家族から始まり、民族、全人類、そして自然や宇宙までも広がる大きなつながりだ」**と語っています。

この言葉は、私たちが地球規模、さらには宇宙規模のつながりの中で生きていることを示しています。**つながりを感じることで、競争や対立ではなく、協力と調和を基盤とする社会を目指せるのです。**

まずは、小さな行動から始めてみましょう。身近な人を助けたり、地域や環境に目を向けたりすることが、共同体感覚を育む第一歩です。

他者や自然とのつながりを実感することで、私たちの行動は必ず平和への道にたどり着きます。

アドラーの言葉を胸に、今こそ、その第一歩を踏み出してみませんか？　一人ひとりの勇気ある行動が、より良い未来を切り拓く鍵となるのです。

共同体感覚とは

# 共同体感覚とは、人に喜びを与え、自分自身も幸せになり、人生を共に明るく、豊かにする力だ。

『人間知の心理学』

## 自分にも他人にも思いやりを持つ

「共同体感覚」についてまとめます。

私たちは、他者とのつながりなくして、生きていくことはできません。

そのため、人生で直面する課題に向き合うには、**「自分にも他者にも思いやりを持つこと」**が重要です。これがアドラー心理学でいう共同体感覚を発揮する生き方です。

**共同体感覚とは、「ここに居場所がある」「信頼できる」「自分が役に立てる」と思える感覚のことです。**

アドラーは**「共同体感覚とは、人に喜びを与え、自分自身も幸せになり、人生を共に明るく、豊かにする力だ」**と語りました。

この感覚を育むには、具体的な行動が鍵です。

例えば、誰かの話を丁寧に聞く、感謝を言葉にする、ささやかな手助けを惜しまないなどが挙げられます。こうした小さな行動が他者とのつながりを深め、必ず自分自身の幸福感にもつながります。

第1次世界大戦で軍医として従軍した経験を通じてアドラーは、「どうすれば人々が仲良く暮らせるか」を考え抜き、未来をより良くするための原則を探りました。それが共同体感覚なのです。

難しく考える必要はありません。**他者と協力し、支え合いながら人生を楽しむ。**それが共同体感覚を持つ生き方の第一歩なのです。

Adler's Keywords 10

# ライフスタイル

## 「ライフスタイル」は何歳からでも変えられる

アドラー心理学では、**「ライフスタイル（性格）」**という言葉で**性格や行動の傾向**を表現します。これは、**「自己概念（自分をどう捉えるか）」「世界像（世界をどう見るか）」「自己理想（こうありたい姿）」**の3つから成り立ちます。

例えば、「自分は人付き合いが苦手だ」と感じている人が、「少人数での会話なら楽しい」と認識を変えることで、自信を持って人と接する機会を増やせるようになります。このように、**思考や目標の調整次第で、行動や結果も前向きに変わる**のです。

ライフスタイルの基礎は8～10歳ごろに出来上がるとされますが、**大人になってからも変えられます。**「こうありたい」という目標を明確に持ち、それに向けた行動を積み重ねることで、理想の自分に近づいていけるのです。

Adler's Keywords 11

# 劣等感

**「劣等感」は自分を成長させる原動力**

アドラー心理学では、**「劣等感」**を**「成長の原動力」**として考えます。

理想と現実のギャップから生まれる劣等感は誰しもが持つものですが、これを適切に活用すれば自己成長を促す力になります。

例えば、「自分は話し下手だ」と感じる場合、スピーチを練習するなど努力することで、コミュニケーション能力を高められるでしょう。

一方で、**劣等感を「無理だ」と課題から逃げる言い訳にしてしまうと、成長のチャンスを逃してしまいます。**

大切なのは、**劣等感を「伸びしろ」と捉え、小さな目標を設定して達成を積み重ねる**こと。理想とのギャップを前向きな変化のきっかけにすることで、より良い自分に近づく道を歩めるようになります。

Adler's Keywords 12

# 共感

**「共感」でより良い人間関係を築く**

アドラー心理学での**「共感」とは、相手の立場に立ち、物事を理解しようとすること**です。例えば、相手が悩みを話しているとき、その状況や気持ちを想像しながら「相手はどう感じているだろう」と考えることが大切です。

また、**相手に関心を持ち、話をじっくり聴く姿勢**も欠かせません。

友人が「仕事がうまくいかない」と言ったとき、「もしかしたらつらいのかな。努力しているのは伝わってくるよ」と相手の努力や気持ちを認める言葉を伝えることが共感の一例です。これにより、相手は「理解されている」と感じ、心が軽くなるはずです。

共感は、**人間関係における信頼とつながりを深めます。**相手の気持ちを理解し、受け止めることで、心の距離が縮まり、より良い関係が築けるのです。

# おわりに

岩井俊憲

まずは、『1日1分アドラー 悩みがゼロになる心の処方箋 72の言葉』を手に取っていただき、心から感謝申し上げます。

本書が、あなたの悩み解決の一助となり、新たな気づきと勇気をもたらすことを願っています。

ここでは、監修者として以下の3つのことをお伝えします。

## （1）この本の成り立ちについて

**アドラー心理学を「学ぶ」だけでなく、「考える」、そして「生きる」まで実践してほしい**——これが私の願いです。

本書はそのガイドとなる一冊として企画されました。

２０２４年8月、かや書房の編集者・末永考弘さんから提案を受け、著者の熊野英一さんと私の３人で制作をスタート。

**アルフレッド・アドラーが100年前に残した言葉を現代に活かし、「悩み解消」だけでなく「悩みを成長のきっかけに変える」本**を目指しました。

さらに、アドラーが誕生した2月7日（１８７０年）を特別な日として心に留め、この月に刊行することを目標に掲げました。

３人の情熱を共有しながら完成させたのが本書です。

## （2）感謝のことば

まずは、「おわりに」まで読み進めてくださったあなたに感謝申し上げます。

**本書を手に取ったということは、あなたが悩みを抱え、それに真剣に**

**向き合おうとしている証です。その勇気に敬意を表します。**

次に、アドラー心理学を築いたアドラーと、その思想を発展させてきた後継者たちに感謝します。

彼らのおかげで、アドラー心理学は100年を経てもなお、私たちに生きる勇気を与え続けています。

また、私が主宰するヒューマン・ギルドに集う仲間たちにも感謝します。40年以上にわたり、こうした「学びの共同体」に支えられ、アドラー心理学は深まり、広がり続けています。

## (3) 読者へのお願い

ここからは読者のあなたへのお願いになります。

本書の副題に『悩みがゼロになる心の処方箋』とありますが、そのためには**「悩み事」を「困り事」として客観視**してみてください。**「悩み事」とは、感情的に抱え込みがちな問題**を指します。

この状態では、過去の原因探しと、他人や環境を非難する犯人捜しに陥りやすくなります。

一方、**「困り事」とは、問題を客観的に捉え直したもの**です。**困り事であれば、あなたの知識や経験に、本書が提供するヒントやアイデアが加わることで、解決の糸口が見つけやすくなるでしょう。**

アドラーの言葉は、まさに心の処方箋となり、あなたの悩みを解消する助けとなるはずです。

さらに、**「共同体感覚」**を活用してみてください。

共同体感覚とは、**自分と他者がつながり、社会の一員として互いに支え合う感覚**のことです。

これを意識して、例えば家族や友人に本書の感想を話してみると、新たな気づきが得られるでしょう。

**他者との対話を通じて、自分の「私的論理」（自分だけの視点）が「共通感覚（コモンセンス）」（広く共有できる視点）に変わり、より良い解決に近づきます。**

私の願いは、あなたがアドラー心理学で「学び」、「考え」、そして「生きる」段階に進むことです。

本書が、あなたの限りない成長のきっかけとなることを心から願っています。

| | |
|---|---|
| 1916年 | 第1次世界大戦に軍医として従軍。多くの負傷者を治療する中で、「共同体感覚」の重要性に目覚める |
| 1920年 | 医学や教育のための相談所、幼稚園などの設立を開始。アドラー心理学による教育の改革や普及を目指すようになる |
| 1924年 | ウィーン教育研究所の教授に就任 |
| 1926年 | 初のアメリカ講演旅行を実施し、成功を収める |
| 1927年 | 『人間知の心理学』を出版し、ベストセラーとなる |
| 1928年 | アメリカのニュースクール大学で個人心理学講座を担当 |
| 1929年 | アメリカのコロンビア大学にて公開講座を担当。『個人心理学講義』を出版し、話題となる |
| 1930年 | ウィーン名誉市民の称号を受ける |
| 1932年 | アメリカのロングアイランド医科大学の教授に就任 |
| 1934年 | ナチスの脅威が高まり、拠点をアメリカに移すことを決意。自身の体調悪化を機に、家族と共に生活を始める |
| 1937年 | 5月28日、講義で滞在中だったイギリスのスコットランドで心臓発作により死去。享年67 |

# アルフレッド・アドラー年譜

Alfred Adler **1870〜1937**

| | |
|---|---|
| 1870年 | 2月7日、オーストリアのウィーン近郊ルドルフスハイムに誕生。7人きょうだいの第2子で、上に兄・ジークムントがいる。ユダヤ系の中産階級で、父親は穀物商を営んでいた。幼少期はくる病やぜんそくに苦しむ |
| 1874年 | 3歳下の弟・ルドルフを亡くす。この体験と自身の病気を通じて、医師を志すようになる |
| 1875年 | 肺炎を患い、生死の境をさまよう経験をする |
| 1888年 | ウィーン大学医学部に入学 |
| 1895年 | ウィーン大学医学部を卒業。医師資格を取得 |
| 1897年 | ロシア人のライサ・ティモフェイブナ・エプスタインと結婚 |
| 1898年 | ウィーンのレオポルトシュタットにて内科を開業 |
| 1902年 | ジークムント・フロイトと出会う。彼の主宰する心理学水曜会に参加し、共同研究に携わる |
| 1904年 | 医学会新聞に「教育者としての医師」と題した論文を発表 |
| 1907年 | 事実上の処女作『器官劣等性の研究』を出版 |
| 1908年 | 革命家のレオン・トロツキーと交流 |
| 1910年 | ウィーン精神分析学会の会長に就任 |
| 1911年 | フロイトと決別し、自由精神分析協会を設立（のちに個人心理学会と改称）。独自の理論を発展させる |
| 1912年 | 『神経質性格について』を出版 |
| 1914年 | 『個人心理学雑誌』を創刊。<br>第1次世界大戦が勃発（1918年終結） |

## 参考文献

『人間知の心理学』（A・アドラー著、岸見一郎訳、アルテ）
『性格の心理学』（A・アドラー著、岸見一郎訳、アルテ）
『教育困難な子どもたち』（A・アドラー著、岸見一郎訳、アルテ）
『人はなぜ神経症になるのか』（A・アドラー著、岸見一郎訳、アルテ）
『個人心理学講義』（A・アドラー著、岸見一郎訳、アルテ）
『子どもの教育』（A・アドラー著、岸見一郎訳、アルテ）
『人生の意味の心理学』（A・アドラー著、岸見一郎訳、アルテ）
『生きる意味を求めて』（A・アドラー著、岸見一郎訳、アルテ）
『生きるために大切なこと』（A・アドラー著、桜田直美訳、方丈社）

『超訳 アドラーの言葉』（A・アドラー著、岩井俊憲編訳、ディスカヴァー・トゥエンティワン）
『アドラー流 気にしないヒント　自分にやさしくなれる法』（岩井俊憲著、三笠書房）
『サクッとわかる ビジネス教養　アドラー心理学』（岩井俊憲監修、新星出版社）
『人生が大きく変わる　アドラー心理学入門』（岩井俊憲著、かんき出版）

PROFILE

# 熊野英一（くまの・えいいち）［著］

1972年フランス・パリ生まれ。早稲田大学卒。株式会社子育て支援 代表取締役。一般社団法人ビリーバーズ 代表理事。日本個人心理学会 理事。日本アドラー心理学会 正会員。

メルセデス・ベンツ日本に勤務後、米国インディアナ大学に留学(MBA／経営学修士)。2007年株式会社子育て支援を創業。保育サービスを展開するかたわら、アドラー心理学に基づく人材育成の企業研修、子育て、働き方、介護、夫婦関係などをテーマとしたセミナーや講演会を行う。

著書に『アドラー式子育て　家族を笑顔にしたいパパのための本』(小学館クリエイティブ)など多数。

# 岩井俊憲（いわい・としのり）［監修］

1947年栃木県生まれ。早稲田大学卒。有限会社ヒューマン・ギルド 代表取締役。アドラー心理学カウンセリング指導者。中小企業診断士。

外資系企業の管理職などを経て、1985年に有限会社ヒューマン・ギルドを設立。42年にわたって、アドラー心理学に基づいた研修、セミナー、講演などを行う。受講者は、経営者から管理職、ビジネスパーソン、医療関係職、教育関係職まで幅広く、24万人以上に及ぶ。

著書に『マンガでやさしくわかるアドラー心理学』シリーズ（日本能率協会マネジメントセンター）、『超訳 アドラーの言葉』（ディスカヴァー・トゥエンティワン）など多数。

# 1日1分 アドラー
## 悩みがゼロになる心の処方箋 72の言葉

2025年3月5日　第1刷発行

著者　熊野英一

監修者　岩井俊憲

発行者　岩尾悟志

発行所　株式会社かや書房
〒162-0805
東京都新宿区矢来町113　神楽坂升本ビル3F
電話　03-5225-3732（営業部）

装丁・本文デザイン　柿木貴光

表紙イラスト　中村礼大

編集　末永考弘

印刷・製本　中央精版印刷株式会社



Printed in Japan
ISBN978-4-910364-69-8